Sobre o culto moderno dos deuses *fatiches*

seguido de

Iconoclash

FUNDAÇÃO EDITORA DA UNESP

Presidente do Conselho Curador
Mário Sérgio Vasconcelos

Diretor-Presidente
Jézio Hernani Bomfim Gutierre

Superintendente Administrativo e Financeiro
William de Souza Agostinho

Conselho Editorial Acadêmico
Danilo Rothberg
Luis Fernando Ayerbe
Marcelo Takeshi Yamashita
Maria Cristina Pereira Lima
Milton Terumitsu Sogabe
Newton La Scala Júnior
Pedro Angelo Pagni
Renata Junqueira de Souza
Sandra Aparecida Ferreira
Valéria dos Santos Guimarães

Editores-Adjuntos
Anderson Nobara
Leandro Rodrigues

BRUNO LATOUR

SOBRE O CULTO MODERNO DOS DEUSES *FATICHES*

SEGUIDO DE

ICONOCLASH

Tradução
Sandra Moreira
Rachel Meneguello

© 2009 Éditions La Découverte, Paris
© 2021 Editora Unesp

Título original: *Sur le culte moderne des dieux* faitiches
suivi de Iconoclash

Direitos de publicação reservados à:
Fundação Editora da Unesp (FEU)
Praça da Sé, 108
01001-900 – São Paulo – SP
Tel.: (0xx11) 3242-7171
Fax: (0xx11) 3242-7172
www.editoraunesp.com.br
www.livrariaunesp.com.br
atendimento.editora@unesp.br

Dados Internacionais de Catalogação na Publicação (CIP) de acordo com ISBD
Elaborado por Vagner Rodolfo da Silva – CRB-8/9410

L359s	Latour, Bruno
	Sobre o culto moderno dos deuses *fatiches*: seguido de *Iconoclash* / Bruno Latour; traduzido por Sandra Moreira, Rachel Meneguello. – São Paulo: Editora Unesp, 2021.
	Tradução de: *Sur le culte moderne des dieux* faitiches *suivi de* Iconoclash
	Inclui bibliografia.
	ISBN: 978-65-5711-067-6
	1. Antropologia. 2. Bruno Latour. 3. Iconoclash. I. Moreira, Sandra. II. Meneguello, Rachel. III. Título.
2021-2514	CDD 301
	CDU 572

Editora afiliada:

Asociación de Editoriales Universitarias
de América Latina y el Caribe

Associação Brasileira de
Editoras Universitárias

Sumário

Advertência   9

Sobre o culto moderno dos deuses *fatiches*

Prólogo   17

Primeira parte: Objetos-feitiço, objetos-fato

Como os modernos fabricam fetiches para aqueles
   com quem entram em contato   21

Como os modernos constroem seus
   próprios fetiches   28

Como os modernos tentam distinguir os fatos dos fetiches,
   sem conseguir   33

Como fatos e fetiches confundem suas virtudes, mesmo
   entre os modernos   38

Como o *savoir-faire* dos "fatiches" escapa à teoria   44

Como estabelecer o perfil de um antifetichista   50

Como descrever os fatiches clivados dos modernos   55

Segunda parte: Transpavores

Como contrabandear divindades graças aos
imigrantes de periferia   65
Como se privar de interioridade e exterioridade   70
Como estabelecer o "caderno de encargos" das
divindades   77
Como transferir os pavores   80
Como compreender uma ação "excedida
pelos acontecimentos"   90
Conclusão   99

Iconoclash

Um típico iconoclash   107
Por que as imagens provocam tanta paixão?   108
Uma exposição *sobre* o iconoclasmo   111
Religião, ciência e arte: três diferentes modelos de
fabricação da imagem   115
Quais objetos selecionar?   121
Uma classificação dos gestos iconoclastas   128
Além das guerras da imagem: a cascata de imagens   139
Anexo a *Iconoclash* – Sumário do catálogo   151

Referências bibliográficas   155

Para Émilie Hermant
e Valérie Pihet

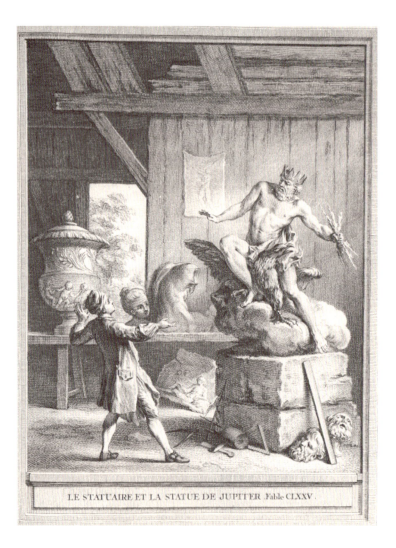

LE STATUAIRE ET LA STATUE DE JUPITER. Fable CLXXV.

ADVERTÊNCIA

Há maneira melhor de iniciar este livro do que pela ilustração de Jean-Baptiste Oudry para "O escultor e a estátua de Júpiter", na belíssima edição das *Fábulas escolhidas*, de 1755? É provável que o artista, impressionado pela fábula, tenha exagerado um pouco a intenção de La Fontaine: o escultor entra em sua oficina pela manhã e espanta-se quando vê a estátua à qual dera a última cinzelada ainda na véspera. Estupefato, abre os braços, esperando que a qualquer momento o deus dos trovões o transforme em cinzas.

Dizem até que o artesão,
Mal terminou a imagem,
Foi a primeiro a estremecer,
E recear a própria obra.[1]

O leitor conhece um artista tão crédulo que se deixe impressionar a esse ponto? O fabulista, em todo o caso, finge que acredita, pois transforma essa credulidade na própria origem do pecado da idolatria:

---

1 Même l'on dit que l'ouvrier / Eut à peine achevé l'image, / Qu'on le vit frémir le premier, / Et redouter son propre ouvrage.

As crianças têm sempre a alma ocupada
Pela constante preocupação
De que não façam mal ao seu brinquedo.
O coração segue facilmente o espírito:
Dessa fonte descende
O erro pagão, que se viu
Em tantos povos difundido.
Eles abraçaram violentamente
Os interesses da própria quimera:
Pigmaleão tornou-se amante
Da Vênus da qual foi pai.[2]

É notório que os pagãos são crianças que se deixam levar pelas próprias quimeras; à noite constroem estátuas, poemas, mitos e bonecos; pela manhã acreditam que tudo se fez sozinho, por geração espontânea, e que devem cultuá-los ou amá-los de paixão. Nenhum desses criadores compreende o ocorrido: o escultor se espanta com o que ele mesmo criou; a criança tem medo da própria boneca; o poeta "dos deuses que inventou /[Teme] o ódio e a ira". Quanto a Pigmaleão, ele não é apenas tolo; apaixonando-se por Vênus, a sua filha de mármore, ele se torna incestuoso. Todos são belos exemplos do que se denominou desde então o "fetichismo", uma doença do espírito na qual o fabricante se deixa dominar pelo que fabricou. E La Fontaine conclui:

Cada um transforma os próprios sonhos,
Tanto quanto lhe é possível, em realidades:

---

2 Les enfants n'ont l'âme occupée / Que du continuel souci / Qu'on ne fâche point leur poupée. / Le coeur suit aisément l'esprit: / De cette source est descendue / L'erreur païenne, qui se vit / Chez tant de peuples répandue. / Ils embrassaient violemment / Les intérêts de leur chimère: / Pygmalion devint amant / De la Vénus dont il fut père.

O homem é de gelo nas verdades;
E de fogo para as mentiras.[3]

Moral surpreendente sob a pena de um fabulista: para não mentir, teríamos de ser tão frios a ponto de não dar jamais realidade aos nossos sonhos? Estranho retrato da razão: o poeta tem de ser imaginado sem poema, o escultor sem estátua de Júpiter, a criança sem boneco, o idólatra sem ídolo, o fabulista sem as suas fábulas? Racional e nu, para acertar a temperatura ele é obrigado a destruir todas as obras saídas de suas mãos? Retrato ainda mais inverossímil do desatino, pois, antes de se deixar iludir por suas próprias ilusões, o criador gozava de liberdade total, como informa o início do poema:

Um bloco de mármore era tão bonito
Que um escultor o comprou.
"Que faremos com ele, cinzel?", diz ele.
"Deus, mesa ou cuba?
Será deus: e quero mesmo
Que tenha um relâmpago na mão.
Tremei, humanos! Fazei as vossas preces:
Aqui está o senhor da terra."[4]

Que espantosa diferença de temperatura! O leitor conhece artistas de humor tão variável a ponto de se acreditar livres para fazer o que bem quiserem antes de se deixar dominar completamente por suas obras? É assim que se cria? Foi assim que nos criaram? É esse tipo de vida que oferecemos aos seres que saem de nossas mãos?

---

3 Chacun tourne en réalités, / Autant qu'il peut, ses propres songes: / L'homme est de glace aux vérités; / Il est de feu pour les mensonges.

4 Un bloc de marbre était si beau / Qu'un statuaire en fit l'emplette. / "Qu'en fera, dit-il, mon ciseau? / Sera-t-il dieu, table ou cuvette? / Il sera dieu: même si je veux / Qu'il ait en sa main un tonnerre. / Tremblez, humains! faites des voeux: / Voilà le maître de la terre".

Não há realmente opção: destruir todas as obras de nossas mãos para permanecermos frios como mármore, ou nos deixar dominar por nossas próprias criaturas? Como se não houve transição entre o fetichismo e o iconoclasmo.

Não resta dúvida de que La Fontaine caçoa dos idólatras, mas caçoa também dos que afirmam acabar com as próprias ilusões, considerando-os ingênuos – e, por consequência, caçoa de si mesmo. Oudry, o genial gravurista das *Fábulas*, caçoa de si mesmo, de La Fontaine, dos escultores e dos próprios deuses, porque em sua gravura, se o leitor não reparou, é Júpiter que abre os braços, aterrorizado com a chegada inesperada de seu criador...

Tudo é falso nessa fábula; tudo é verdadeiro. Ou melhor, tudo tem de ser reconsiderado. Não é à toa que é uma fábula! E é porque nos transmite duas injunções contraditórias que pode servir de emblema para este livro: de um lado, diz que devemos escolher entre a fria razão e as ardentes ilusões; de outro, diz que é impossível fazer tal escolha, e é muito diferente o que acontece quando nos apropriamos de uma criação. Dupla contradição, por conseguinte: a primeira é oficial; a segunda é oficiosa, e de certo modo latente na obra de arte.

O interessante dos modernos é que eles sonham com um termostato que jamais souberam regular. Se quiséssemos representar a antropologia desses homens, teríamos de decifrar a sua fábula, como propõe La Fontaine, e nos perguntar se por acaso não descobriram uma passagem secreta entre o fetichismo e o iconoclasmo.

Para investigar essa dupla contradição, proponho duas noções meio improvisadas: a de *fatiche* e a de *iconoclash*. O leitor me perdoará os neologismos, se tiver em mente que foram consequência de dois "terrenos" bastante particulares. O primeiro foi um estágio de quase um ano que fiz no consultório de etnopsiquiatria de Tobie Nathan, no Centro Devereux, em 1995. Minha intenção era confrontar o que se dizia dos fetiches com o trabalho técnico de um tipo de "fatichizador" contemporâneo. Resultou dessa experiência

SOBRE O CULTO MODERNO DOS DEUSES *FATICHES* **13**

um livrinho, hoje esgotado, que republico hoje sem mais mudanças além de algumas notas, uma bibliografia atualizada e um adendo.[5] Mas depois, durante quatro anos, tive a oportunidade de retornar à mesma questão enquanto preparava a exposição *Iconoclash* (2002), da qual fui curador com alguns amigos. Se a noção de fatiche me permitiu duvidar da crença na crença, a de iconoclash nos permitiu interromper o ato iconoclasta e interrogar a história: em vez de montar mais uma exposição iconoclasta, queríamos apresentar uma exposição *sobre* o iconoclasmo. Como o luxuoso catálogo estava disponível apenas em inglês (e se esgotou), pensei que seria útil acrescentar aqui a introdução.[6]

Assim composto, este livro não demanda do leitor senão a suspensão – provisória, sem dúvida nenhuma – dessas duas noções reflexas: a crítica da crença e a crença na crítica. Esse foi o único modo que encontrei para concentrar nossa atenção na natureza exata dos seres saídos de nossas mãos e compreender em que sentido devemos admitir que somos "filhos das nossas obras".[7]

---

5 Latour, *Petite réflexion sur le culte moderne des dieux* faitiches.

6 What is Iconoclash? Or is There a World Beyond the Image-Wars?.

7 O fatiche é um conceito muito próximo do que Étienne Souriau chama de "instauração". Cf. Souriau, *Les différents modes d'existence*.

SOBRE O CULTO MODERNO DOS DEUSES *FATICHES*[1]

---

1 Tradução: Sandra Moreira.

Prólogo

"Dizem que os povos de pele clara que habitam a faixa setentrional do Atlântico praticam uma forma peculiar de culto às divindades. Eles partem em expedição a outras terras, apropriam-se das estátuas de seus deuses e destroem-nas em imensas fogueiras, conspurcando-as com as palavras "fetiches! fetiches!", que na língua bárbara deles parece querer dizer "invenção, falsidade, mentira". Ainda que afirmem não possuir nenhum fetiche e ter recebido apenas de si mesmos a missão de livrar de fetiches as outras nações, parece que as suas divindades são muito poderosas. Na verdade, suas expedições aterrorizam e assombram os povos atacados dessa forma por deuses concorrentes, que eles chamam de Mau Din, e cujo poder parece ser tão misterioso quanto invencível. Acredita-se que tenham erguido vários templos em sua terra e que o culto realizado dentro deles é tão estranho, assustador e bárbaro quanto o realizado fora. Nas grandes cerimônias repetidas de geração em geração, eles destroem seus ídolos a marteladas; depois, declaram-se livres, renascidos, sem ancestrais e sem mestres. Acredita-se que tirem grande benefício dessas cerimônias, pois, livres de todos os seus deuses, podem fazer, durante esse período, tudo o que quiserem, combinando as forças dos quatro Elementos àquelas dos seis Reinos e dos 36 Infernos, sem se sentirem responsáveis pelas violências assim provocadas. Uma vez terminadas tais orgias, dizem que eles entram em grande desespero e que, aos pés das estátuas destruídas, resta-lhes apenas acreditar que são responsáveis por tudo o que acontece, a que chamam de "humano" ou "sujeito livre de si", ou, ao contrário, que não são responsáveis por nada e são inteiramente causados pelo que chamam de "natureza" ou "objeto causa de tudo" – os termos se traduzem mal na nossa língua. Assim, como que aterrorizados pela própria audácia e para pôr fim ao desespero, restauram as divindades Mau Din que destruíram, oferecendo-lhes mil oferendas e mil sacrifícios, reerguendo-as nos cruzamentos, protegendo-as com arcos de ferro, como fazemos com a aduela dos tonéis. Dizem, por fim, que eles inventaram um Deus a sua imagem, isto é, igual a eles, ora senhor absoluto de tudo que Ele cria, ora absolutamente inexistente. Esses povos bárbaros parecem não compreender o que significa agir."

*Relatório do conselheiro Déobalé,
enviado da corte da Coreia à
China em meados do século XVIII.*

Primeira parte
Objetos-feitiço, objetos-fato

Como os modernos fabricam fetiches para aqueles com quem entram em contato

Para zombar ao mesmo tempo das nossas tolas crenças e das dos outros, nossos ancestrais de pensamento livre nos legaram a troça da qual Voltaire, depois de outros, soube fixar o tom. Mas, para zombar de todos os cultos, para derrubar todos os ídolos, era fundamental acreditar na razão, a única força capaz de explicar todas essas tolices... Como falar *simetricamente* de nós e dos outros sem acreditar nem na razão nem na crença, e respeitando ao mesmo tempo os fetiches e os fatos? Quero levar adiante esse exercício, talvez desajeitadamente, propondo definir o *agnosticismo* como a maneira mais radical e, sobretudo, a mais respeitosa de não acreditar na noção de crença.

A crença não é um estado mental, mas um efeito das relações entre povos. Sabemos disso desde Montaigne. O visitante sabe, o visitado acredita ou, ao contrário, o visitante sabia, o visitado o faz compreender que ele acreditava saber. Apliquemos esse princípio ao caso dos modernos. Em todos os lugares onde lançam âncora, os modernos criam fetiches, isto é, veem em todos os povos que descobrem adoradores de objetos que não são nada. Como têm de explicar a si próprios a bizarria dessa adoração que nada de objetivo consegue explicar, supõem nos selvagens um estado mental que remeteria ao que é interno e não ao que é externo. Assim, à medida que a frente de colonização avança, o mundo se povoa de crentes. É moderno aquele que crê que os outros creem. O agnóstico, ao contrário, não se pergunta se é preciso crer ou não, mas por que os modernos têm tanta necessidade da noção de crença para entrar em relação com os outros.

A acusação começa na costa da África Ocidental, em algum lugar na Guiné, e foi lançada por portugueses cobertos de amuletos da Virgem e dos santos: os negros eram adoradores de fetiches. Intimados pelos portugueses a responder à primeira questão: "Vocês fabricaram com as suas próprias mãos os ídolos de pedra, barro e madeira que vocês reverenciam?", os guineenses responderam sem hesitar que sim. Intimados a responder à segunda questão: "Esses ídolos de pedra, barro e madeira são verdadeiras divindades?", os negros responderam com a maior inocência que sim, claro, do contrário eles não os teriam fabricado com as suas próprias mãos! Os portugueses, escandalizados, mas escrupulosos, não querendo condenar ninguém sem provas, oferecem uma última chance aos africanos: "Vocês não podem dizer que fabricaram seus fetiches e ao mesmo tempo que eles são verdadeiras divindades. *Vocês têm de escolher*: ou um ou outro". E completam, indignados: "A menos que vocês não tenham miolos e sejam tão insensíveis ao princípio de contradição como do pecado da idolatria". Silêncio aparvalhado dos negros que, não sabendo discernir a contradição, comprovam pelo embaraço quantos degraus os separam da plena e completa humanidade... Pressionados pelas perguntas, obstinam-se a repetir que fabricaram seus ídolos e que, *por consequência*, são verdadeiras divindades. Zombaria, escárnio, indignação dos portugueses diante de tanta má-fé.

Para designar a aberração dos negros da Costa da Guiné, e para *dissimular* o mal-entendido, os portugueses (muito católicos,

SOBRE O CULTO MODERNO DOS DEUSES *FATICHES*   **23**

exploradores, conquistadores e mercadores de escravos) teriam utilizado o substantivo *feitiço*, derivado de *feito*, particípio do verbo *fazer*, forma, figura, configuração, mas também artificial, fabricado, factício e, por fim, fascinado, encantado.[1] Desde o princípio, a etimologia (assim como os negros) recusa-se a escolher entre o que toma forma por meio do trabalho e o artifício fabricado no decorrer desse mesmo trabalho; essa recusa, essa hesitação acarretam fascinação, induzem sortilégios. Ainda que todos os dicionários etimológicos estejam de acordo sobre tal origem, o presidente de Brosses, inventor em 1760 da palavra *fétichisme* [fetichismo], atribui a sua origem a *fatum*, destino, palavra da qual deriva o substantivo *fée* [feiticeira, fada], assim como o adjetivo *objet-fée* [objeto enfeitiçado].

Os negros da Costa Ocidental da África, e mesmo os do interior do continente até a Núbia, região limítrofe do Egito, têm por objeto de adoração algumas divindades que os europeus chamam de fetiches, termo inventado por nossos comerciantes do Senegal, a partir da palavra portuguesa *Fetisso* [*sic*], isto é, coisa enfeitiçada, encantada, divina, ou que pronuncia oráculos; da raiz latina *Fatum, Fanum, Fari*.[2]

---

1 Lê-se no dicionário Aurélio as seguintes definições (observar que a palavra portuguesa *feitiço* veio do francês por intermédio do presidente de Brosses): I) *feitiço* {de *feito* + *iço*} 1. adj. artificial, factício; 2. postiço, falso; 3. malefício de feiticeiros; 4. ver bruxaria; 5. ver fetiche; 6. encanto, fascinação, fascínio. Provérbio: "Virar o feitiço contra o feiticeiro"; II) *feitio* {de *feito* + *io*} forma, figura, configuração, feição; III) *fetiche* 1. objeto animado ou inanimado, feito pelo homem ou produzido pela natureza, ao qual se atribui poder sobrenatural e se presta culto, ídolo, manipanso; [vêm em seguida os mesmos significados que em francês]. A notar o admirável italiano, que dá ao mesmo verbo *fatturàre* o sentido de 1. falsificar, adulterar; 2. faturar; 3. enfeitiçar!

2 De Brosses, *Du culte des dieux fétiches*, p. 51. A etimologia de Charles de Brosses não aparece em nenhum outro lugar. Trata-se de uma contaminação das palavras *fée* [fadas] e *fétiche* [fetiche]?

Qualquer que seja a raiz que se prefira, permanece a escolha cominatória que os portugueses evocam e os negros recusam: "Quem fala no oráculo é o humano que articula ou o objeto enfeitiçado? A divindade é real ou artificial?" – "Os dois", respondem sem pestanejar os acusados, pois são incapazes de compreender a oposição. – "Vocês têm de escolher", afirmam os conquistadores também sem pestanejar. As duas raízes da palavra indicam bastante bem a ambiguidade do objeto que fala, que é fabricado ou, para mesclar os dois sentidos numa só expressão, que *faz falar*. Sim, o fetiche é um *fazer falar*.

Pena que os africanos não tenham retribuído o elogio. Seria interessante se tivessem perguntado aos traficantes portugueses se eles fabricavam os amuletos da Virgem ou se estes caíam diretamente do céu. – "Cinzelados com arte por nossos ourives", responderiam com orgulho. – "E por isso são sagrados?", perguntariam os negros. "Mas é claro! Benzidos solenemente na igreja Nossa Senhora dos Remédios pelo arcebispo, na presença do rei." – "Se vocês reconhecem ao mesmo tempo a transformação do ouro e da prata no cadinho do ourives e o caráter sagrado dos seus ícones, por que nos acusam de contradição, se não dizemos nada de diferente? Contra feitiço, feitiço e meio." – "Sacrilégio! Não há quem confunda ídolos que se devem destruir com ícones que se devem louvar", responderiam os portugueses, duplamente indignados com tamanha impudência.

Podemos apostar, contudo, que apelariam para um teólogo para livrá-los do embaraço no qual um nada de antropologia simétrica os teria mergulhado. Seria necessário um estudioso sutil para ensiná-los a distinguir "latria" de "dulia". "As imagens religiosas", pregaria o teólogo, "não são nada por si próprias, já que apenas evocam a lembrança do modelo que é o único objeto de adoração legítima, enquanto seus ídolos monstruosos seriam, segundo o que vocês mesmos dizem, as divindades que vocês, impudentemente, confessam fabricar." Aliás, por que se comprometer com discussões teológicas com primitivos? Envergonhado por tergiversar, tomado de zelo sagrado, o teólogo derrubaria os ídolos, queimaria os fetiches e, nos casebres desinfetados, consagraria a Verdadeira Imagem do Cristo sofredor e de sua Santa Mãe.

Mesmo sem a ajuda desse diálogo imaginário, podemos compreender que negros idólatras não se opõem a portugueses sem imagens. Vemos povos cobertos de amuletos ridicularizar outros povos cobertos de amuletos. Não temos, de um lado, iconófilos e, de outro, iconoclastas, mas iconodúlios e iconodúlios. No entanto, o mal-entendido persiste, pois ambos se recusam escolher de acordo com os termos que lhes são próprios. Os portugueses *se recusam a hesitar* entre os verdadeiros objetos de devoção e as máscaras patibulares cobertas de sangue e gordura dos sacrifícios. Cada português na Costa do Ouro é tomado pelo zelo indignado de Moisés contra o velo de ouro. "Os ídolos têm olhos e não veem, ouvidos e não escutam, bocas e não falam." De sua parte, os guineenses não percebem a diferença entre o fetiche derrubado e o ícone erguido em seu lugar. Relativistas *avant la lettre*, pensam que os portugueses agem como eles. É justamente essa indiferença, essa incompreensão que os condenam aos olhos dos portugueses. Esses selvagens não discernem nem mesmo a diferença entre "latria" e "dulia", entre seus fetiches e os ícones santos dos invasores; *recusam-se a compreender* o abismo que separa a construção de um artefato pelas mãos do homem e a realidade definitiva daquilo que ninguém jamais construiu. Até mesmo a diferença entre a transcendência e a imanência lhes parece escapar... Como não os ver como primitivos e o fetichismo como religião primitiva?[3] Tanto mais que persistem diabolicamente no erro.

Três séculos mais tarde, no Rio de Janeiro contemporâneo, mestiços de negros e portugueses teimam em dizer que suas divindades são construídas, fabricadas, "assentadas" e, *por consequência*, são

---

3 Pietz resume eximiamente a invenção do presidente de Brosses em *Le fétiche, généalogie d'un problème*.

reais. A antropóloga Patrícia de Aquino compila e traduz o testemunho dos iniciados dos candomblés da seguinte maneira:

> Eu fui raspado para Oxalá em Salvador, mas precisei *assentar* Yewá, e a mãe Aninha me mandou para o Rio de Janeiro porque já na época Yewá era, por assim dizer, um Orixá em via de extinção. Muitos já não conheciam mais os orôs de Yewá.

> Eu sou Obá. Obá quase que já morreu porque ninguém sabe *assentar* ela, ninguém sabe *fazer*, então eu vim pra cá porque aqui eu fui raspada e a gente não vai esquecer os *awô* [segredos] para *fazer* ela.[4,5]

O antifetichismo latente em nós não pode tolerar o despudor dessas frases. Escondam essa fabricação, esse *fazer* que não conseguimos ver! Como podem confessar de maneira tão hipócrita que vocês precisam fabricar, assentar, situar, construir essas divindades que se apoderam de vocês e que, no entanto, lhes escapam? Vocês não sabem a diferença entre construir o que provém de vocês e receber o que provém de outro lugar qualquer?

Em todos os lugares onde desembarcam, os portugueses, chocados com o mesmo despudor, têm de compreender o fetichismo relacionando-o ou com a *ingenuidade*, ou com o *cinismo*. Se vocês reconhecem que fabricam seus fetiches de cabo a rabo, então reconhecem que manejam os fios como um marionetista. Vocês os manipulam furtivamente para impressionar os outros. Manipuladores das crenças populares, vocês se juntam à legião de sacerdotes

---

4 Em português no original. (N. T.)

5 Aquino (comunicação pessoal). Agradeço a Aquino por ter me autorizado a utilizar esses dados extraídos do seu DEA [Diploma de Estudos aprofundados] *La construction de la personne dans le candomblé.* Ver também Aquino e Pessoa de Barros, Leurs noms d'Afrique en terre d'Amérique, *Nouvelle Revue d'Ethnopsychiatrie*, v.24, 1994, p.111-25. "Um Orixá em via de extinção" é uma expressão tirada da ecologia que designa as espécies prestes a desaparecer!

SOBRE O CULTO MODERNO DOS DEUSES *FATICHES*   **27**

e falsificadores que, para os anticlericais, formam a longa história das religiões. Ou então, se se deixam surpreender por suas próprias marionetes e dão fé das momices delas (ou melhor, suas), isso é prova de tamanha ingenuidade que vocês acabarão engrossando as multidões eternamente crédulas e ludibriadas que formam, ainda aos olhos lúcidos, a massa de manobra da história das religiões.[6]

Da boca dos Fontenelle, dos Voltaire, dos Feuerbach, surge sempre a mesma escolha cominatória: "Ou bem vocês manipulam cinicamente as cordas, ou bem se deixam enganar". E mais ingenuamente: ou bem é construído por vocês, ou bem é verdadeiro".[7] E os adeptos raspados do candomblé insistem tranquilamente: "Eu sou de Dadá, mas como não se sabe *fazer* Dadá, a gente entrega a Xangô ou Oxalá pra eles pegarem a cabeça da pessoa"...[8] Enquanto os adeptos designam algo que não é nem totalmente autônomo nem totalmente construído, a noção de crença quebra em duas essa operação delicada, essa ponte frágil lançada entre fetiche e fato, permitindo aos modernos ver todos os outros povos como crentes ingênuos, hábeis manipuladores, cínicos que iludem a si próprios. Sim, os modernos se recusam a escutar os ídolos, quebram-nos como cocos, e de cada metade retiram duas formas de logro: podemos enganar os outros, podemos enganar a nós mesmos.

---

6 Atribuindo a crença ingênua à crença ingênua, Veyne só escapa dessa alternativa transformando todas as culturas em criadoras demiúrgicas de mundos incomensuráveis sem relação entre si, e sem relações com as próprias coisas. Cf. Veyne, *Les Grecs ont-ils cru à leurs mythes? Essai sur l'imagination constituante.* "Basta dar à imaginação constituinte dos homens esse poder divino de constituir, isto é, de criar sem modelo prévio" (ibid., p.137). A diferença entre saber e crer, entre mito e razão, foi abolida, mas ao preço de uma reviravolta geral na imaginação criadora, aliás, inequivocamente ligada à vontade de potência nietzscheniana. "Elas – as doutrinas míticas – pertencem à mesma capacidade organizacional das obras da natureza; uma árvore não é verdadeira nem falsa; ela é complexa" (ibid., p. 132). Sobre o modelo do "poder divino" que, apesar de tudo, inspira os mais implacáveis antirreligiosos, ver a última parte.

7 É a "má-fé" do "canalha" sartriano permitindo a operação da passagem de uma escolha para outra. Veremos mais adiante o que pensar desses arranjos.

8 Em português no original. (N. T.)

Os modernos acreditam na crença para compreender os outros; os adeptos não acreditam na crença nem para compreender os outros nem para compreender a si mesmos. Podemos recuperar essa maneira de pensar para o nosso próprio uso?

Como os modernos constroem seus próprios fetiches

Se aceitamos nos deixar instruir por aqueles que não acreditam na crença, percebemos que os modernos não acreditam nessa mesma crença mais do que os negros da Costa do Ouro. Se os brancos acusam os selvagens de fetichismo, não por isso são ingênuos antifetichistas. O acreditar seria pular de Cila para cair em Caríbdis. Teríamos salvado os negros da crença – transformada em acusação feita pelos brancos sobre algo que não compreendiam –, mas mergulharíamos os brancos em um abismo de ingenuidade. Eles acreditariam que os outros creem! Tomaríamos os brancos por negros! O que fizemos com os fetichistas na seção anterior precisaria ser feito agora com os antifetichistas, e teríamos de nos mostrar tão generosos com estes como fomos com aqueles.

Ora, assim como a acusação de fetichismo não descreve em nada a prática dos negros da Costa do Ouro, a reivindicação de antifetichismo não leva em nada em conta a prática dos brancos. Em todos os lugares onde instalam suas máquinas de destruir fetiches, os brancos começam, como os negros, a produzir os mesmos seres incertos dos quais não saberíamos dizer se são construídos ou compilados, imanentes ou transcendentes.[9] Consideremos, por

---

9 Ver o magnífico capítulo sobre o martelo do escultor em Serres, *Statues*, p.195 ss. Ao falar da *Pietà* de Michelangelo, ele escreve: "Os furos nos pés e nas mãos do Cristo morto, a enorme chaga em seu flanco, as marcas de lança ou pregos cravados a marteladas, diferem dos ferimentos sobre a face de mármore da mãe de mármore, infligidos a martelo por um louco perigoso no domingo de

exemplo, tudo do que é capaz o objeto fetiche, embora acusado de não fazer nada.

Como definir um antifetichista? É aquele que acusa um *outro* de ser fetichista. Qual é o conteúdo dessa denúncia? Segundo a acusação, o fetichismo se engana sobre a *origem* da força. Ele fabricou o ídolo com suas mãos, com seu próprio trabalho humano, suas próprias fantasias humanas, mas *atribui* esse trabalho, essas fantasias e essas forças ao próprio objeto por ele fabricado. Aos olhos do menor dos antifetichistas, o fetiche age, se podemos dizer assim, à maneira de um retroprojetor. A imagem é produzida pelo professor que colocou a transparência sobre o vidro cegante da lâmpada, mas ela "parece" brotar da tela em direção ao auditório, como se nem o professor nem o retroprojetor tivessem nada a ver com isso. Os espectadores, fascinados, "atribuem à imagem uma autonomia" que ela não possui. Derrubar o fetichismo equivale, portanto, a inverter a inversão, a retificar a imagem e restituir a iniciativa da ação ao seu verdadeiro mestre. Nesse processo, porém, o verdadeiro mestre desapareceu! O objeto que não era nada *realiza* algo. Quanto à origem da ação, ela se perde em uma disputa de herança terrivelmente emaranhada.

Assim que o antifetichista desvenda a ineficácia do ídolo, ele mergulha em uma contradição da qual não sai mais. No mesmo momento que se quer que o fetiche não seja nada, ele começa a agir e tirar tudo do lugar. Ele é capaz, em particular, de *inverter* a origem da força. Melhor ainda: visto que, segundo os antifetichistas, o efeito do fetiche só tem eficácia se seu fabricante ignorar a sua origem, ele deve ser capaz de dissimular totalmente a própria fabricação. Graças ao fetiche, com um só golpe de condão, o fabricante pode se metamorfosear de manipulador cínico em iludido de boa-fé. Assim, ainda que o fetiche não seja *nada* mais do que aquilo que o

---

Pentecostes de 1972 ou do golpe contra Moisés dado pelo próprio escultor, lançando sobre ele o martelo e cinzel e ordenando-lhe que falasse? Ou dos golpes que o talharam?" (ibid., p.203).

homem faz dele, ele acrescenta uma coisinha: ele inverte a origem da ação, dissimula o trabalho humano de manipulação e transforma o criador em criatura.[10] Como negar a eficácia de um objeto capaz de tantos prodígios?

Mas o fetiche faz ainda mais: ele modifica a qualidade da ação e do trabalho humanos. Entretanto, ao revelar que só a ação do homem dá voz e força aos objetos, o pensador crítico deveria inverter a origem invertida da força e pôr fim, de uma vez por todas, à ilusão dos fetiches. Aquele que acreditava (ingenuamente) escutar vozes se transformaria em ventríloquo. Ao tomar consciência desse jogo duplo, ele se reconciliaria consigo mesmo. Aquele que acreditava na dependência das divindades perceberia que, na verdade, está sozinho com a sua voz interior, e que elas não têm nada que não tenha sido dado por ele. Enfim desenganado, veria que não há *nada* a ser visto. Ele teria acabado com a sua alienação – mental, religiosa, econômica, política –, visto que nenhum *alien* viria mais parasitar a construção das suas mãos calejadas e do seu espírito criador. Entusiasmado com a denúncia crítica, o homem seria finalmente o único senhor de si mesmo, em um mundo para sempre esvaziado de seus ídolos. O fogo que Prometeu furtara aos deuses, o pensamento crítico furtaria ao próprio Prometeu. O fogo teria origem apenas no homem, e somente nele.

Somente nele? Não inteiramente, e é aí que as coisas voltam a se complicar. Tal qual um escrivão cheio de boa vontade que tem de dividir a herança de um intestado sem descendência, o pensador crítico não sabe jamais *a quem* restituir a força atribuída erroneamente aos fetiches. Deve devolvê-la ao indivíduo senhor de si mesmo como do Universo, ou a uma sociedade de indivíduos? Se a resposta é que se deve devolver à sociedade o que é da sociedade, o controle é novamente perdido. A herança que se recuperou dos

---

10 Retomo aqui o argumento esboçado por Hennion e Latour, Objet d'art, objet de science. Note sur les limites de l'antifétichisme, *Sociologie de l'art*, 6, 1993, p.7-24.

SOBRE O CULTO MODERNO DOS DEUSES *FATICHES* 31

fetiches dispersa-se numa nuvem de herdeiros legítimos. Após ter invertido a inversão da idolatria, após ter retroprojetado a retroprojeção da força, não sou eu, o indivíduo trabalhador, que se encontra na chegada, mas um grupo, uma multidão, um coletivo. Sob a fantasia dissipada do fetiche, o humano esclarecido percebe que ele não está mais sozinho, que ele divide a existência com uma multidão de *agentes*. O *alien* que se acreditava eliminado retorna sob a forma terrivelmente complicada da multidão social. O ator humano nada fez senão trocar uma transcendência por outra, como se vê com frequência em Durkheim, nas mãos do qual o social aparece apenas um pouco menos opaco do que a religião que o explica e que o ofusca. Marx, em sua célebre definição do fetichismo da mercadoria, ilustra primorosamente como prolifera aquilo que, no entanto, nada faz:

> É somente uma determinada relação social dos homens entre si que assume para eles a forma fantasmagórica de uma relação entre as coisas. Para encontrar uma analogia para este fenômeno, temos de ir buscá-la na região nebulosa do mundo religioso. Lá, os produtos do cérebro humano têm o aspecto de seres independentes, dotados de corpos próprios, em comunicação com os homens e entre si. Dá-se o mesmo com os produtos da mão do homem no mundo da mercadoria. É o que podemos chamar de fetichismo ligado aos produtos do trabalho, tão logo se apresentam como mercadorias, fetichismo inseparável desse modo de produção.[11]

A antropologia econômica testemunha isso de forma bastante eloquente; as relações entre os homens, sejam fetichizadas ou não por intermédio das mercadorias, não parecem mais simples nem mais transparentes do que as relações das divindades entre elas.[12] Se

---

11 Marx, *Le capital*, Livre 1, p.69.
12 Cf., por exemplo, Thomas, *Entangled Objects. Exchange, Material Culture and Colonialism in the Pacific* e, sobretudo, o clássico Polanyi, *La grande transformation*.

as mercadorias perdem a sua aparente autonomia, não é por isso que alguém, e muito menos o trabalhador incansável, recuperará o domínio.

O mundo sem fetiches é povoado por tantos *aliens* quanto o mundo dos fetiches. A inversão da inversão dá acesso a um universo tão instável quanto o mundo pretensamente invertido pela crença ilusória nos fetiches. Os antifetichistas, tanto quanto os fetichistas, não sabem quem age e quem se engana sobre a origem da ação, quem é senhor e quem é alienado ou possuído. Assim, longe de ser esvaziado de sua eficácia, o fetiche, mesmo entre os modernos, parece agir constantemente para deslocar, confundir, inverter, perturbar a origem da crença e a própria certeza de um domínio possível. A força que se quer retirar ao fetiche, ele a recupera no mesmo instante. Ao final, ninguém acredita. Os brancos não são mais antifetichistas do que os negros são fetichistas. Acontece que os brancos erguem ídolos por toda a terra dos outros para em seguida destruí-los, multiplicando por toda a terra deles os operadores que *disseminam* a origem da ação. Sim, os antifetichistas, como os fetichistas, prestam um culto bastante estranho aos ídolos que precisamos esclarecer.[13]

---

13 Com isso, dou continuidade ao movimento iniciado por Boltanski e Thévenot, *De la justification*, que conduz da sociologia crítica à sociologia da crítica. Podemos até mesmo dizer que estendo a análise reflexiva que alguns antropólogos fazem do próprio conceito de fetiche. A palavra traz más lembranças aos antropólogos e não aparece nem mesmo em Bonte e Izard (dir.), *Dictionnaire de l'ethnologie et de l'anthropologie*. O livrinho de Iacono, *Le fétichisme. Histoire d'un concept* reconstrói a história do fetichismo em torno da noção de recusa do outro e desconstrói em detalhes o livro de Charles de Brosses. Contudo, como Pietz (*Le fétiche, généalogie d'un problème*), Iacono não saberia nos guiar muito longe, pois nunca questiona as virtudes do antifetichismo. Se ambos criticam com razão o mito racista de uma religião primitiva e as extravagâncias sistemáticas de Auguste Comte, esses dois livros tomam com a maior seriedade e sem o menor distanciamento o partido de Marx e Freud. Nas mãos deles, as ciências sociais, as únicas desembaraçadas das fantasias da crença, julgam todos os outros, negros e brancos.

Como os modernos tentam distinguir os fatos dos fetiches, sem conseguir

Por que os modernos devem recorrer a formas complicadas para acreditar na crença ingênua dos outros ou no saber sem crença deles mesmos? Por que devem fazer como se os outros acreditassem nos fetiches, enquanto eles próprios praticariam o mais austero antifetichismo? Por que não confessar simplesmente que não há nem fetichismo nem antifetichismo, e reconhecer a eficácia singular desses "deslocadores de ação" aos quais nossas vidas estão intimamente ligadas?[14] Porque os modernos fazem questão de uma diferença essencial entre fatos e fetiches. A crença não tem por objetivo explicar o estado mental dos fetichistas nem a ingenuidade dos antifetichistas. Ela faz questão de algo inteiramente diferente: a distinção do saber e da ilusão, ou antes, como veremos mais adiante, a separação entre uma forma de vida *prática* que não faz essa distinção e uma forma de vida *teórica* que a mantém.

Olhemos mais de perto como funciona o duplo repertório que a noção de crença é responsável por manter em compartimentos separados. A partir do momento que o antifetichista denuncia a crença ingênua com o intuito de revelar o trabalho do ator humano – projetado por erro em ídolos de madeira e pedra –, ele denuncia a crença ingênua que o ator individual humano acredita poder atribuir à sua própria ação. Não é fácil comportar-se como um ator comum, na visão dos antifetichistas! É impossível dançar conforme a música deles. Se você acredita que é manipulado por ídolos, vamos lhe mostrar que você os criou com as suas próprias mãos; mas, se você se vangloria de poder criar livremente, vamos lhe mostrar que forças

---

14 O maior interesse do livro de Cassin, *L'effet sophistique*, é que ela faz um retrato positivo dos sofistas, que jamais teriam acreditado na crença, em vez de reabilitá-los, como se faz usualmente, suprassumindo seu apego aos simulacros. Ela descreve a "cena primitiva" onde se quebrou (pela primeira vez?) a sinonímia entre o que é fabricado e que é real.

34   BRUNO LATOUR

invisíveis manipulam e dispõem de você à sua revelia. O pensador crítico triunfa *duas vezes* sobre a ingenuidade consumada do ator comum: ele vê o trabalho invisível que o ator projeta nas divindades que o manipulam, mas vê também as forças invisíveis que movimentam o ator quando ele crê manipular livremente! (O pensador crítico, filho das Luzes, manipula incessantemente os invisíveis, como bem se vê; esse grande desalienador multiplica os *aliens*.)

Como os modernos fazem para enquadrar a ação dos atores comuns com duas denúncias tão contraditórias? É que, em vez de utilizar um só operador, eles utilizam dois: o *objeto-feitiço* e o *objeto-fato*. Quando denunciam a crença ingênua dos atores nos fetiches, servem-se da ação humana livre e centrada no sujeito. Mas, quando denunciam a crença ingênua dos atores na sua própria liberdade subjetiva, servem-se dos objetos tais como são conhecidos pelas ciências objetivas que eles próprios estabeleceram e nas quais confiam plenamente. Eles alternam objetos-feitiço e objetos-fato para provar *duas vezes* que são superiores aos ingênuos comuns.

Como a situação corre o risco de se complicar, um esquema poderá nos guiar. Consideremos, inicialmente, a primeira denúncia crítica. O ator humano se crê determinado pela força dos objetos, força esta que lhe prescreve um comportamento. Felizmente, o pensador crítico vigia e denuncia o jogo duplo do ator que "em realidade" projeta num objeto inerte a força da sua própria ação.[15]

Poderíamos achar que o trabalho da denúncia terminou. Sóbrio, livre e desalienado, o sujeito recupera a energia que lhe pertencia e recusa às suas construções imaginárias a autonomia que elas nunca conseguiram ter. Entretanto, o trabalho da denúncia não para por aí; ele é retomado em seguida, mas, dessa vez, *no outro sentido*. O sujeito humano livre e autônomo se vangloria um pouco cedo demais de ser a causa primeira de todas as suas projeções e

---

15   Retomo aqui o argumento desenvolvido, de maneira muito mais aprimorada, por Hennion, *La passion musicale*, p.227 ss.

SOBRE O CULTO MODERNO DOS DEUSES *FATICHES* 35

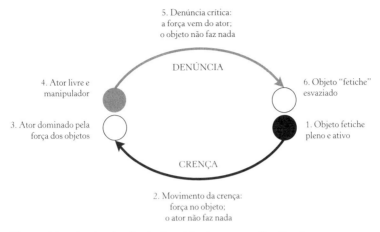

Figura 1.1 – A primeira denúncia crítica inverte as direções da crença, revelando sob a força do objeto a projeção de seu próprio trabalho por um ator humano livre e automanipulado.

manipulações. Felizmente, aqui também, o pensador crítico (que não dorme no ponto) revela o trabalho da determinação, dessa vez sob as ilusões da liberdade. O sujeito se acredita livre, quando "em realidade" é levado de um lado para o outro.

Para explicar tais determinações, recorreremos aos "fatos objetivos" tais como nos são revelados pelas ciências naturais, humanas ou sociais. As leis da biologia, da genética, da economia, da sociedade, da linguagem calarão o sujeito que se acreditava senhor de seus atos e gestos.

As duas formas de denúncia se parecem tanto que podem se confundir, o pensador crítico ocupando com sua crença nas causas (Figura 1.1) a mesma posição que o ingênuo ocupa com sua crença nos ídolos (Figura 1.2). Se alguma coisa parece denunciada pela sobreposição dos dois diagramas, deveria ser a própria denúncia, já que ela inverte novamente a origem da força da qual pretendia anteriormente reverter a origem invertida! Mas, aqui, trata-se tão pouco de denúncia dos pensadores críticos quanto de crença ingênua dos atores comuns. A noção de crença permite aos modernos

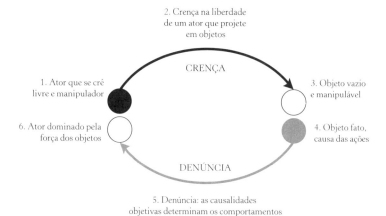

Figura 1.2 – As flechas da crença e da denúncia mudaram de sentido; o objeto-fato tomou o lugar do objeto-feitiço, a marionete humana tomou o lugar do livre ator.

compreender, *ao modo deles*, a origem da ação pelo duplo vocabulário dos fetiches e dos fatos.

Na verdade, os dois diagramas anteriores nunca se sobrepõem e é dever da noção de crença impedir essa sobreposição. Por quê? Porque a denúncia crítica se faz a partir de *quatro listas* diferentes: duas para o polo objeto e duas para o polo sujeito; e essas quatro listas não devem se confundir em hipótese alguma. Dito sem rodeios, o pensador crítico colocará na lista dos objetos-feitiço tudo aquilo em que ele não *crê* – a religião, é claro, mas também a cultura popular, a moda, as superstições, a mídia, a ideologia etc. – e na lista dos objetos-causa tudo aquilo em que *crê com convicção* – a economia, a sociologia, a linguística, a genética, a geografia, as neurociências, a mecânica etc. Reciprocamente, ele vai compor seu polo sujeito acrescentando ao *crédito* todos os aspectos do sujeito pelos quais tem consideração – responsabilidade, liberdade, inventividade, intencionalidade etc. – e no *débito* tudo o que lhe parece inútil ou plástico – estados mentais, emoções, comportamentos, fantasias etc. Segundo os pensadores, a extensão e o conteúdo das listas variam, mas não a quadripartição.

Assim, a crença ingênua, na visão dos antifetichistas, engana-se sempre de direção. Atribui aos objetos-fetiche um poder que vem unicamente da engenhosidade humana – o que lhe é bruscamente revelado pela primeira denúncia; atribui-se erroneamente uma liberdade que lhe vem, na verdade, de um sem-número de determinações causais que agem a despeito do que isso lhe provoca – o que lhe revela complacentemente a segunda denúncia crítica. Mas a semelhança entre as duas formas de proceder não surpreende o espírito, pois o objeto-fato que serve à segunda crítica provém de uma lista de sólidas causas objetivas, enquanto o objeto-feitiço que é denunciado na primeira é apenas a projeção de uma miscelânea de crenças mais ou menos vagas sobre um substrato sem importância. Inversamente, o sujeito ativo que serve à primeira denúncia vê-se com o papel de um ator humano revoltado contra a alienação e reivindicando corajosamente sua plena e inteira liberdade, enquanto aquele que é denunciado pela segunda denúncia constituiu-se de uma marionete despedaçada por todas as determinações causais que a mecanizam em todos os sentidos. *Desde que mantenha a estrita separação entre os dois tipos de objetos e os dois tipos de sujeito*, o pensamento crítico não terá nenhuma dificuldade para afirmar que o ator humano livre e autônomo crie seus próprios fetiches e que ele

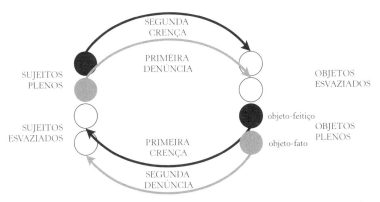

Figura 1.3 – O duplo jogo das duas denúncias críticas e seu duplo repertório, mantidos à distância pela crença na crença.

é completamente definido pelas determinações objetivas reveladas pelas ciências exatas e sociais.

Agora podemos chamar de crença *o conjunto da operação* resumida na Figura 1.3. Compreendemos mais uma vez que a crença não remete de modo algum a uma capacidade cognitiva, mas a uma configuração complexa pela qual os modernos constroem a si próprios, proibindo-se, com o objetivo de compreender sua própria ação, o retorno aos fetiches dos quais, no entanto, eles se servem, como veremos adiante.

Como fatos e fetiches confundem suas virtudes, mesmo entre os modernos

Assim, a crença, longe de explicar a atitude dos fetichistas, longe de justificar a atitude dos antifetichistas, permite manter à distância dois repertórios de ação opostos, e até mesmo contraditórios, que são responsáveis por dissimular o ponto transposto, desde sempre, pela tranquila afirmação dos negros da Costa do Ouro, segundo a qual eles constroem aquilo que os ultrapassa. Ora, os modernos, mesmo para produzir as ciências exatas, não se utilizam *jamais* dessa diferença, à qual, no entanto, eles parecem dar tanta ênfase. A partir do momento em que se suspende o aparato da crença, percebe-se que todos os cientistas falam como os negros que os portugueses condenaram um pouco precipitadamente ao silêncio.

Tomemos, por exemplo, Louis Pasteur, um cientista de laboratório, defensor entre outras coisas da prova, quando ele fala não de fatos e fetiches, mas do que toma forma em seu laboratório. Aplicando a definição de crença que acabamos de apresentar, deveríamos intimá-lo a escolher entre construtivismo e realismo. Ou bem ele construiu socialmente seus fatos do começo ao fim e não acrescenta ao repertório do mundo nada mais do que fantasias, preconceitos, hábitos e memória; ou bem os fatos são reais e, nesse caso, ele não os fabricou em seu laboratório. Essa contradição parece tão fundamental que há três séculos interessa ininterruptamente à filosofia das ciências.

Ora, Pasteur se preocupa muito pouco com ela. Como um bom negro, ele teima em não compreender a injunção, nem mesmo em ver a dificuldade. Afirma que o fermento do seu ácido lático é real *porque* ele montou com precaução, com suas próprias mãos, a cena onde ele – o fermento – se revela por si só. Indignação dos realistas: "Você concede demais aos construtivistas, confessando que fez tudo sozinho!" Indagação simétrica dos construtivistas sociais: "Como você pode afirmar que o fermento do ácido lático existe por si só e sem você, se é você que manipula os fios!". E Pasteur obstina-se tranquilamente, como a velha senhora raspada ao entrar no candomblé para "assentar" ou "fazer" a divindade:

> No decorrer dessa exposição, *refleti* a partir da hipótese de que a nova levedura está organizada, que se trata de um ser vivo e sua ação química sobre o açúcar é correlativa ao seu desenvolvimento e à sua organização. Se me dissessem que nessas conclusões *vou além dos fatos*, eu responderia que isso é verdade, na medida em que *me posiciono francamente em uma ordem de ideias* que, em termos rigorosos, *não podem ser* irrefutavelmente demonstradas. Eis *a minha maneira de ver*. Toda vez que um químico se consagrar a esses fenômenos misteriosos, e se tiver a felicidade de fazê-los dar um passo importante, ele será *instintivamente levado* a colocar a causa primeira desses fenômenos em uma ordem de reações *em relação com* os resultados gerais de suas pesquisas. É o movimento lógico do espírito humano em todas as questões controversas.[16]

---

16 Os grifos são meus. O leitor encontrará a análise completa e as referências em Latour, Les objets ont-ils une histoire? Rencontre de Pasteur et de Whitehead dans un bain d'acide lactique, in Stengers (dir.), *L'effet Whitehead*, p.197-217.

40 BRUNO LATOUR

Não há como ser mais construtivista. Thomas Kuhn ou Harry Collins poderiam ter redigido essas frases onde se revela, com todo o primor, o trabalho do cientista para construir seus fatos, projetando neles seus hábitos profissionais, seus pressupostos, e até mesmo os seus preconceitos, os hábitos do grupo a que pertence, os instintos de seu corpo, a lógica do espírito humano. Infelizmente para os sociólogos das ciências, Pasteur acrescenta, sem nenhuma solução de continuidade, a seguinte frase:

> Ora, no ponto em que se encontram meus conhecimentos a respeito dessa questão, minha opinião é que *todo aquele* que julgar *com imparcialidade* os resultados deste trabalho e daqueles que publicarei em breve *reconhecerá como eu* que a fermentação se mostra correlativa da vida, da organização dos glóbulos, e não da morte e da putrefação desses glóbulos, assim como que ela não aparece como um fenômeno de contato, no qual a transformação do açúcar ocorreria na presença do fermento sem lhe dar nada, sem lhe tomar nada. Esses últimos fatos, como veremos em breve, *são contestados pela experiência.*

Traição! Pasteur mudou de repente a sua filosofia das ciências. O construtivismo se tornou realista, e da espécie mais rasa, mais comum. Os fatos falam por si só aos olhos dos colegas imparciais!

Pasteur se contradisse? Sim!, aos olhos do pensamento crítico. Não!, aos seus próprios olhos e, portanto, aos nossos. Para ele, construtivismo e realismo são *sinônimos*. "Os fatos são fatos", sabemos desde Bachelard, mas o pensamento crítico nos preparou para ver nessa etimologia ambígua o fetichismo do objeto. Na medida em que os fabricamos em nossos laboratórios, com nossos colegas, com nossos instrumentos e nossas mãos, eles se tornariam, por um efeito mágico de inversão, o que ninguém jamais fabricou, o que resiste a toda variação de opiniões políticas, a todas as tormentas da paixão, o que se mantém firme quando alguém bate violentamente a mão

SOBRE O CULTO MODERNO DOS DEUSES *FATICHES* **41**

na mesa, exclamando: "Os fatos irredutíveis estão aí!".[17] Após o trabalho de construção, afirmam os antifetichistas, os fatos "conquistariam sua autonomia". Se bem que a mesma palavra "fato" queira dizer o que foi fabricado e o que ninguém fabricou, temos de ver aqui uma contradição encoberta por uma operação mágica, e em seguida dissimulada na crença, até finalmente ser soterrada pela má-fé?[18] Não necessariamente. Uma outra solução se oferece, mas supõe o abandono do pensamento crítico, a renúncia das noções de crença, magia, má-fé, autonomia, a perda desse fascinante domínio que nos transformou em modernos e nos deu o orgulho de sê-lo.[19]

O novo repertório surge assim que contornamos o antifetichismo para transformá-lo não mais no recurso essencial da nossa vida intelectual, mas no objeto de estudo da antropologia dos modernos. O primeiro repertório nos obriga a escolher entre os dois sentidos da palavra fato: é construído ou real? O segundo, acompanha Pasteur, quando este toma como sinônimas as duas frases: "Sim, é verdade, eu o construí no laboratório", e "*por conseguinte* o fermento autônomo surge por si só aos olhos dos observadores imparciais".[20] Enquanto o repertório moderno (Figura 1.4, centro superior) veda que aconteça o que quer seja no meio, exceto se tropeçarmos nas

---

17 O leitor encontrará em Ashmore, Edwards e Potter, The Bottom Line: the Rhetoric of Reality Demonstrations, *Configurations*, v.2, n.1, 1994, p.1-14, uma encantadora descrição etnológica dos *gestos* do realismo.

18 Eu mesmo utilizei esse tropo em *La vie de laboratoire*. Nessa época (1979), o fracasso da explicação social ainda não era evidente. Só mais tarde, ao suprimir o adjetivo "social" da reedição do livro, é que tirei conclusões disso. Eu detectara o fenômeno, mas precisei de tempo para compreender a sinonímia dos verbos construir e transcender.

19 Sobre a história desse domínio e da noção de antropologia simétrica, cf. Latour, *Nous n'avons jamais été modernes.*

20 Não considero aqui o tema do *verum* e do *factum* (por exemplo, em Vico) que, no caso do homem, reutiliza o argumento teológico sobre o conhecimento que aquele que criou um mundo pode ter dele. Cf. Funkenstein, *Theology and the Scientific Imagination from the Middle Ages*. Na verdade, esse tema supõe uma teologia e uma antropologia da técnica que se opõe totalmente à lição que procuro tirar dos fetiches. Cf. a última seção.

piruetas da dialética, no repertório não moderno tudo acontece no meio, naquele momento crucial em que Pasteur, *porque* trabalhou bem, pode *deixar seguir* o fermento, finalmente autônomo e visível, alimentando-se com prazer da cultura que foi inventada para ele. Enquanto no alto do diagrama a noção de fato está *partida* em duas, em baixo ela serve de *passagem* para estabelecer o que chamamos justamente de "solução de continuidade" entre o trabalho humano e a independência do fermento. O laboratório aciona o *faz-fazer*. A dupla *articulação* do laboratório de Pasteur permite ao faz-fazer fazer-falar, recuperando assim as duas etimologias da palavra fetiche e da palavra fato. O laboratório se torna, por assim dizer, o aparelho de fonação tanto do fermento de ácido lático como de Pasteur, ou melhor, da articulação de Pasteur e do "seu" fermento, do fermento e do "seu" Pasteur.

Figura 1.4 – O repertório modernista obriga Pasteur a *escolher* entre construtivismo e realismo; o repertório não moderno permite *acompanhar* Pasteur quando ele toma fabricação e verdade como sinônimos de um só e único "faz-fazer".

SOBRE O CULTO MODERNO DOS DEUSES *FATICHES* **43**

É compreensível a importância que dou à antropologia das ciências. Ela age como um verdadeiro *clinamen*, quebrando a simetria invisível que permitia à noção de crença exercer seus direitos.[21] De fato, ao forçar a teoria a levar em conta a prática dos cientistas, a análise das ciências combina os dois repertórios e força a explicação dos fatos incontestes das ciências pelos recursos elaborados para explicar os fetiches![22] Ela *fracassa*, é claro. Não é possível explicar os buracos negros com a primeira denúncia crítica inventada contra os fetiches e contra os deuses... Mas o próprio fracasso dessas explicações leva pouco a pouco ao abandono de todo o pensamento crítico. Aplicando-as nos "objetos verdadeiros", descobre-se claramente a fraqueza congênita da primeira denúncia, mas compreende-se simetricamente a impotência dos objetos controversos, socializados, enredados em suas condições (sociais?) de produção para servir de bigorna e martelo na determinação causal das vontades humanas. A explicação social talvez não valesse nada, mas a causalidade objetiva não valeria mais. Era preciso voltar à estaca zero e começar a escutar de novo o ator comum.

---

21 Pouco importa o momento exato deste *clinamen*. Eu, da minha parte, situo-o na exemplar antropologia das ciências que Serres faz em *La naissance de la physique dans le texte de Lucrèce* e *Statues*, assim como no livro emblemático de Bloor, *Sociologie de la logique ou les limites de l'épistémologie*, mesmo que outros prefiram reconhecer tal distinção no trabalho de Kuhn, *La structure des révolutions scientifiques*. Importa apenas a virada pela qual as humanidades e as ciências sociais retomam as ciências exatas ao abandonar as quatro atitudes – a reconstrução racional, o ceticismo, o irracionalismo e a hermenêutica – que as orientavam na relação com o saber reconhecido como tal. Evidentemente, eu exagero a importância da minha disciplina, ao afirmar que é impossível exagerar a sua importância histórica! Na verdade, ela coincidiu com a imensa reviravolta do modernismo, que lhe deu sentido e energia, e desde então as crises ambientais aumentaram extraordinariamente.

22 Sobre o *fracasso* da explicação social confrontada com objetos demasiado complexos para ela, cf. Callon e Latour (dir.), *La science telle qu'elle se fait*. O fracasso possui virtudes filosóficas superiores ao sucesso, desde que se tirem conclusões.

Felix culpa que permite não mais acreditar na diferença essencial, radical, fundadora dos fatos e dos fetiches. Mas, então, para que serve essa diferença, se não permite nem mesmo justificar a produção científica?[23] Por que insistir tanto numa distinção absoluta que não pode ser aplicada? Porque ela serve justamente para *completar* as vantagens da prática com as da teoria. O duplo repertório dos modernos não é desvendado pela distinção dos fatos e dos fetiches, mas pela *segunda* distinção, mais sutil, entre a *separação* dos fatos e dos fetiches que eles fazem em teoria, de um lado, e a passagem da prática que difere totalmente dela, de outro. A noção de crença toma então um outro sentido: é o que permite manter à distância a forma de vida prática – onde se faz fazer – e as formas de vida teóricas – onde se deve escolher entre fatos e fetiches. É o meio de purificar indefinidamente a teoria, sem se arriscar às consequências dessa purificação.

Como o *savoir-faire* dos "fatiches" escapa à teoria

Desde que começamos a avaliar a prática, percebemos que o ator comum, moderno ou não, pronuncia exatamente as mesmas palavras dos negros da Costa do Ouro e dos adeptos do candomblé, em companhia dos quais iniciei esta reflexão. O ator comum afirma sem rodeios aquilo que é evidente, a saber, que aquilo que ele construiu o *transcende ligeiramente*. "Somos manipulados por forças que nos transcendem", poderia dizer, já cansado de ser sacudido de todos os lados e acusado de ingenuidade. "Pouco importa

---

23 Paradoxalmente, as *science studies*, longe de politizar a ciência, permitiram ver a que ponto todas as teorias do conhecimento, desde os gregos até os nossos dias, carregavam o jugo de uma definição política que as obrigava a separar os fatos e os fetiches. Liberadas da política, as ciências voltam a ser apaixonantes e abertas a uma descrição antropológica que resta ainda amplamente por fazer. Cf. Latour, *A esperança de Pandora*.

SOBRE O CULTO MODERNO DOS DEUSES *FATICHES* **45**

que sejam chamados de divindades, genes, neurônios, economias, sociedades ou afetos. Talvez tenhamos nos enganado sobre a *palavra* que designa tais forças, mas não sobre o fato que elas são *mais* importantes do que nós. Inversamente", poderia continuar a dizer o ator comum, "tínhamos toda a razão quando dissemos que fabricamos nossos fetiches, já que estamos na origem dessas forças diversas das quais vocês querem nos privar, fazendo-nos de marionetes manipuladas pelas forças do mercado, da evolução, da sociedade ou do intelecto. Talvez estejamos enganados sobre o *nome* que deveria ser dado à nossa liberdade, mas não sobre o fato de que agimos *em acordo* com outros, quer os chamemos de divindades ou de *aliens*. O que fabricamos jamais possui ou perde a sua autonomia."

A palavra "fetiche" e a palavra "fato" possuem a mesma etimologia ambígua – ambígua tanto para os portugueses quanto para os filósofos das ciências. Mas cada uma dessas duas palavras sublinha simetricamente a nuance inversa da outra. A palavra "fato" parece remeter à realidade exterior; a palavra "fetiche", às crenças absurdas do sujeito. Ambas dissimulam, nas profundezas de suas raízes latinas, o trabalho intenso de construção que permite tanto a verdade dos fatos como a do espírito. É essa verdade que devemos desvelar, sem acreditar nas elucubrações de um sujeito psicológico impregnado de devaneios, tampouco na existência exterior de objetos frios e a-históricos que cairiam nos laboratórios vindos do céu. E também sem acreditar na crença ingênua. Juntando as duas fontes etimológicas, chamaremos de *fatiche* a robusta certeza que permite à prática passar à ação, sem jamais acreditar na diferença entre construção e compilação, imanência e transcendência.[24]

---

24 Teríamos de acrescentar também o *artefato* – em um sentido emprestado do inglês – que nos laboratórios designa um parasita tomado erroneamente como um novo ser – como em *A estrela misteriosa*, quando Tintin (ignorando as leis da ótica!) confundiu uma aranha que passeava sobre a lente do telescópio do Observatório com uma estrela que ameaçava a Terra. Ao contrário do fato, o artefato surpreende porque a ação humana é descoberta onde não era esperada. A palavra faz, portanto, a transição entre a surpresa dos fatos e a dos fetiches.

46   BRUNO LATOUR

Assim que começamos a considerar a prática, sem nos preocupar em escolher entre construção e verdade, *todas* as atividades humanas, e não somente aquelas dos adeptos do candomblé ou dos cientistas de laboratório, começam a falar sobre a mesma passagem, o mesmo fatiche. Os romancistas não dizem que são "conduzidos pelas personagens"? É verdade que são acusados de má-fé e submetidos à questão: "Vocês fabricam seus livros? Vocês são fabricados por eles?". E eles respondem obstinadamente, como os negros e Pasteur, com uma de suas frases admiráveis, cujo sentido sempre corre o risco de se perder: "Somos filhos das nossas obras". E não me venham dizer que eles apelam para a dialética e que o sujeito, ao se autoposicionar no objeto, revela a si próprio, alienando-se por meio dele, pois os artistas, ao zombar tanto do sujeito como do objeto, passam justamente entre os dois, sem *tocar*, em nenhum momento, nem no sujeito, senhor de seus pensamentos, nem no objeto alienante.[25] Todos aqueles que já se sentaram à frente de um teclado de computador sabem que tomaram consciência do que estavam pensando a partir do que estavam escrevendo, mas nem por isso podemos mergulhá-los num jogo de linguagem ou num *Zeitgeist* que os falaria à sua revelia, pela excelente razão de que esses manipuladores de segunda categoria não teriam mais controle sobre eles do que o autor sobre o seu texto. Experiência banal, tornada incompreensível pela dupla suspeita da crítica e, por isso, remetida ao semissilêncio da "simples prática".

Não há mais razão para abdicar da palavra "fetiche" ou da palavra "fato", sob o pretexto de que os modernos teriam acreditado na crença e quiseram desacreditar os fatos para se ater aos fetiches. Na prática, ninguém nunca acreditou nos fetiches, todos sempre se preocuparam astuciosamente com os fatos. As duas palavras continuam intactas, portanto. Como em francês a diferença entre os fonemas "fé" e "fait" nem sempre é audível, "factiche" poderia ser preferível, mas é menos elegante (*factish*, em inglês).

25 Todo pintor poderia dizer que a sua tela é *acheiropoietos* (não feita pela mão do homem) e, no entanto, ele não espera ingenuamente vê-la cair pronta do céu.

SOBRE O CULTO MODERNO DOS DEUSES *FATICHES* **47**

Por que exigir dos negros que escolham entre a fabricação humana dos fetiches e as suas verdades transcendentes, enquanto nós, os brancos, os modernos, jamais escolhemos, exceto quando nos submetem à questão e nos forçam a quebrar a passagem contínua que exploramos na prática?[26] Em cada atividade nossa, aquilo que fabricamos nos transcende. Do mesmo modo que os romancistas, os cientistas, os feiticeiros e os políticos são intimados a se deitar na cama de Procusto, sob pena de passar por mentirosos. "Vocês constroem a representação nacional?" – "Sim, forçosamente, e do começo ao fim." – "Então vocês inventam, por manipulação, propaganda e conchavo, o que os representados devem dizer?" – "Não, somos fiéis aos nossos mandatos, porque construímos precisamente a voz artificial que eles não teriam sem nós." "Eles blasfemam!", exclamam os críticos, "Não temos de lhes dar ouvidos! Em sua *illusio*, eles não conseguem perceber nem mesmo as suas próprias mentiras!"[27] E, no entanto, os políticos, condenados ao silêncio há dois

---

26 Explicarei mais adiante o sentido dessa ruptura. A fabricação técnica, apesar das aparências, não escapa à questão cominatória, visto que os tecnólogos se dividem consideravelmente entre os que seguem os determinismos materiais da *função* e os que consideram o arbitrário do capricho humano ou social da *forma*. Sobre esse dualismo, cf. Latour e Lemonnier (dir.), *De la préhistoire aux missiles balistiques*, e a *disputatio* entre os dois autores em *Ethnologie française*, v.XXVI, n.1, 1996, p.17-36.

27 O leitor encontrará em Bourdieu "La délégation et le fétichisme politique", p.185-202, a exposição desse desprezo pela representação política na qual o antifetichismo é levado a seu limite extremo. "O mistério do ministério só age caso o ministro dissimule a sua usurpação, bem como o *imperium* que ela lhe confere, afirmando-se como um simples e humilde ministro" (ibid., p.191). E ainda: "Logo, a violência simbólica do ministro só pode ser exercida com essa espécie de cumplicidade que lhe concedem, pelo efeito de desconhecimento que a denegação estimula, aqueles sobre os quais se exerce essa violência" (idem). Impossível ignorar mais o trabalho da representação e a sabedoria dos representados. Somente a *illusio* faz os sociólogos não verem a contradição gritante do antifetichismo, enquanto é utilizada (ingenuamente?) pelo sociólogo crítico para retratar a incapacidade dos atores comuns de ver a contradição gritante do fetichismo! Nenhum rei está mais nu do que o sociólogo crítico que se crê o único lúcido num asilo de loucos.

longos séculos, passam todos os dias, dia e noite, dessa construção artificial para essa verdade precisa, assim como os cientistas, que (ao menos nos manuais) são obrigados a escolher entre construção e verdade, levam muitos dias e muitas noites para construir em laboratório a verdade verdadeira.

A escolha proposta pelos modernos não é, portanto, entre realismo e construtivismo, mas *entre essa escolha* e a existência prática, que não compreende nem o seu enunciado nem a sua importância. Se antes só podíamos alternar violentamente os dois extremos do repertório moderno – ou "transcendê-los" pela dialética, como o Barão de Münchhausen "transcende" as leis da gravidade –, agora podemos escolher entre dois repertórios: aquele em que somos *intimados a escolher* entre construção e verdade, e aquele em que construção e realidade se tornam *sinônimos*. De um lado, ficamos paralisados como um asno de Buridan que deve escolher entre fatos e fetiches; de outro, *passamos*, graças aos fatiches.

Assim, o ator comum, quando interrogado por nós, multiplicará de maneira muito explícita e com uma inteligência absurda, as formas de vida que permitem passar adiante, graças aos fatiches, sem jamais obedecer à escolha cominatória do repertório moderno. Entretanto, essas teorias refinadas continuarão ocultas, visto que o único meio de resumi-las oficialmente situa-se na escolha que se deve fazer entre construção e autonomia, sujeito e objeto, fato e fetiche. Tenhamos o cuidado, no entanto, de não simplificar a situação: não podemos ignorar nem a multiplicidade dos discursos que falam da passagem, desviando-se da escolha moderna, nem a importância da teoria dos modernos, que exige uma escolha que parece não servir para nada. Existe algo de sublime na comparação dessa colcha de discursos, dispositivos, práticas, reflexões refinadas, pelos quais os "zatoreszelesmesmos"[28] declaram a evidência da fácil passagem para os dois lados das palavras "fato" e "fetiche",

---

28 No original: *les "zacterszeuxmêmes"*. (N. T.)

SOBRE O CULTO MODERNO DOS DEUSES *FATICHES*   **49**

e a atenção minuciosa e farisaica com a qual, desde que procuramos nos acreditar modernos (isto é, radicalmente e não relativamente diferentes dos negros), acreditamos que essa passagem está fechada para sempre.[29]

Avancemos um pouco. É a própria noção de prática que provém da exigência imposta pelos modernos. Na falta de podermos nos exprimir segundo os termos cominatórios do pensamento crítico, somos obrigados a continuar fazendo o que sempre fizemos, mas *clandestinamente*.[30] A prática é a sabedoria dissimulada da passagem que insiste em dizer (mas como não pode mais dizer, ela se contenta em fazer, em sussurrar) que construção e realidade são sinônimos. Estranha clandestinidade, diremos, já que na experiência comum ela é também um segredo de polichinelo confessado de mil maneiras diferentes e em mil canais. Sim, mas a teoria continua – e por excelentes razões que agora temos de compreender – a

---

29 Daí o fato – que sem isso dificilmente seria explicável – de a sociologia dos "zatoreszelesmesmos" poder afirmar ao mesmo tempo que se contenta em coletar as declarações dos atores e, no entanto, *acrescenta* alguma coisa que eles jamais dizem. Em vez de dar voz aos sem-voz, ou fazer a teoria de sua prática, ela se contenta em passar, contra os *diktats* do pensamento crítico, as formas de vida comuns do depósito para a vitrine. Donde as noções de mediação, ator--rede, tradução, modos de coordenação, simetria, não modernidade, noções infrateóricas que não visam nem a expressão – muito bem garantida pelos atores – nem a explicação – igualmente nas mãos dos atores –, mas somente a sua *compilação* – que os atores poderiam recuperar graças ao ligeiro excedente oferecido pelas humanas ciências. Portanto, o sociólogo comum está no mesmo nível dos atores comuns, como os negros e os brancos, e pelas mesmas razões. Sobre todos esses pontos, cf. Latour, *Changer de société*.

30 Coisa curiosa: o pragmatismo, que poderíamos acreditar ser a filosofia da prática, continua de tal modo intimidado pela posição de autoridade de seus adversários que é obrigado a descrever a prática sob um aspecto modesto, limitado, utilitário, humanista, cômodo, ocupando assim, sem questioná-lo, o lugar que lhe foi preparado pela filosofia crítica. A modéstia só é uma virtude filosófica se ela decide, por si própria, a maneira pela qual se privará de fazer o seu dever ou propor fundamentos. Para uma análise sobre William James, cf. Lapoujade, *William James: empirisme et pragmatisme*; e o admirável Madelrieux, *William James, l'attitude empiriste*.

não levar a sério essas múltiplas confissões. Chamaremos agora de *crença* a operação que permite manter uma teoria oficial o mais longe possível da prática oficiosa, sem nenhuma relação entre elas, a não ser a preocupação apaixonada, zelosa, meticulosa, para manter essa separação. Chamaremos de *agnosticismo* a descrição antropológica dessa operação.

Como estabelecer o perfil de um antifetichista

Para compreender a eficácia misteriosa da separação entre teoria e prática, teríamos de dispor de descrições de antifetichistas. Desse modo poderíamos contra-analisar os modernos, fazendo a descrição etnográfica de seus gestos iconoclastas. Como, pelo que sei, ainda não dispomos desses estudos,[31] emprestei de um romancista da Índia contemporânea uma anedota esclarecedora.[32] Jagannath era um brâmane do tipo modernizador. Ele queria destruir os fetiches e libertar de sua alienação os párias empregados por sua tia, forçando-os a tocar a pedra sagrada das nove cores, o *shaligram* de seus ancestrais. Num fim de tarde, após o trabalho, ele agarrou a pedra do altar e depois, diante da tia e do sacerdote horrorizados, quis levá-la até os servos, reunidos num canto. Mas, no meio do pátio, Jagannath hesitou sobre o que estava fazendo, parou e indagou-se.

As palavras pararam em sua garganta. Essa pedra não é nada, mas meu coração se apegou a ela e eu a peguei para vocês. Toquem, toquem o que se tornou o ponto vulnerável do meu espírito. Toquem! Aqueles que estão atrás de mim [a tia e o sacerdote] tentam me deter pelos liames inumeráveis da obrigação. O que vocês estão esperando? Qual o presente que lhes trago? Não sei ao certo: isso se tornou um *shaligram*, porque eu o apresento como uma

---

31 Ver a Segunda Parte.
32 Murthy, *Bharathipura*.

pedra. Se vocês o tocarem, ele se tornará uma pedra também para eles também. Porque eu a ofereci, porque vocês a tocaram, porque todos foram testemunhas desse acontecimento, ao cair da noite, que essa pedra se transforma em *shaligram*! Que esse *shaligram* se transforme em pedra![33]

Mas, para grande surpresa de Jagannath, destruidor de ídolos, libertador, antifetichista, os párias recuaram aterrorizados. Ele ficou sozinho no meio do pátio com aquele objeto meio pedra, meio divindade; o sacerdote e a tia gritando de vergonha atrás dele, enquanto aqueles que ele queria libertar amontoavam-se o mais longe possível do sacrificador sacrílego.

Jagannath tentou seduzi-los. Assumiu o seu tom professoral usual: "É só uma pedra. Toquem e verão bem. Se não a tocarem, serão sempre pobres homens".

Ele não compreendia o que estava acontecendo com os párias. Todo o grupo se amontoava o mais longe possível, assustado, sem ousar fugir ou ficar. E, no entanto, como ele desejara aquele momento sagrado! O momento em que os párias tocariam finalmente a imagem de Deus. Ele lhes falou com raiva: "Vamos lá! Toquem!".

Jagannath avançou na direção deles. Eles recuaram. Ele se sentiu tomado por uma crueldade monstruosa. Os párias lhe apareceram como criaturas horríveis que rastejavam sobre o próprio ventre.

Ele mordeu os lábios e ordenou com voz firme e inflexível: "Pilla! Toque, toque!".

Pilla [o contramestre] continuava de pé, piscando os olhos. Jagannath sentiu-se esgotado e perdido. Tudo o que tentara ensinar-lhes não servira para nada. Ameaçou, trêmulo: "Toquem! Toquem! Vocês VÃO TOCAR!". Foi como se o grito de um animal

---

33 Ibid., p.101.

enfurecido o dilacerasse por inteiro. Ele era só violência; não sentia nada além disso. Os párias o achavam mais ameaçador que Bhutaraya [o demônio do deus local]. O ar exalava seus gritos. "Toquem, toquem, toquem!". Para os párias, a tensão era forte demais. Mecanicamente avançaram, tocaram de leve aquela coisa que Jagannath lhes apresentava e se retiraram no mesmo instante.

Esgotado pela violência e pela decepção, Jagannath jogou o *shaligram* para o lado. Uma grande angústia terminara de modo grotesco. Mesmo a tia continuava humana quando tratava os párias como intocáveis. Ele, ao contrário, perdera a humanidade por um instante. Tomara os párias por coisas desprovidas de significação. Meneava a cabeça sem perceber que os párias haviam saído. A noite já havia caído quando compreendeu que estava sozinho. Desgostoso de sua atitude, começou a andar sem rumo. Perguntava-se: "Quando os párias tocaram a pedra, eles e eu perdemos a nossa humanidade? Estamos mortos? Onde está a falha nisso tudo: em mim ou na sociedade?". Não havia resposta. Após uma longa caminhada, ele voltou para casa, aparvalhado.[34]

O golpe que Jagannath destinava ao fetiche, ao ídolo, ao passado, às correntes da servidão, errou o alvo. O que jazia destruído, dispersado, não era o fetiche, mas a sua humanidade, como a dos párias, da tia e do sacerdote. Ele acreditou que ia destruir o fetiche, e foi o fatiche que se quebrou. De repente, tornou-se um "animal selvagem" e os párias, "criaturas horríveis". A objetividade estúpida da pedra, que Jagannath queria fazê-los comprovar com as próprias mãos, passou para os servos, e eles próprios se transformaram em "coisas desprovidas de significação". Invertendo os dons mágicos do rei Midas, Jagannath fez do *shaligram* aquilo que transforma em pedra quem o toca para dessacralizá-lo. Ele queria desfazer a ilusão dos deuses e, amarga ironia!, ali estava ele, mais "ameaçador que

---

34 Ibid., p.102.

SOBRE O CULTO MODERNO DOS DEUSES *FATICHES* **53**

Bhutaraya". Se ele conseguiu dos párias que eles lhe obedecessem, é porque cederam ao terror dessa coalizão de divindades ameaçadoras: a do mestre acrescida à do demônio. E os servos só lhe obedeceram "mecanicamente". Animais, coisas, máquinas: eles passaram por todas as nuanças do inumano. Pior ainda: o senhor e os servos "estavam mortos", porque o fatiche, uma vez destruído, não consegue mais manter, de fora, o que os tornava humanos. "Onde está a falha?", perguntou-se Jagannath. O humano não residiria mais no sujeito livre de suas correntes, no destruidor de ídolos, no modernizador do martelo, mas alhures, ligeiramente alhures? Temos realmente de permanecer à sombra dos fatiches para não morrer? Para não nos tornarmos bicho, pedra, animal, máquina? Precisamos de uma simples pedra para não nos tornarmos duros e frios como uma pedra?

Ao errar o alvo, o indiano modernizador nos ensina muito sobre si próprio, mas sobretudo sobre os brancos. É essa lição que precisamos seguir.[35] Para que sejam cientistas, criadores, políticos, cozinheiros, sacerdotes, fiéis, operadores, artesãos, salsicheiros e filósofos, os modernos devem passar, como todos, da construção para a autonomia. Se vivessem sem os fatiche, os brancos não poderiam viver: seriam máquinas, coisas, animais ferozes, mortos.

No entanto, não estamos lhes pedindo que "acreditem" nos fetiches, que atribuam almas às pedras, segundo a horrível cenografia do antifetichismo. De fato, o *shaligram* é uma pedra, apenas uma pedra; todo mundo concorda; só o denunciador, o destruidor de ídolos não sabe disso. Ele toma consciência disso tarde demais. Ele interpreta errado os gritos do sacerdote e da tia. Jagannath acredita que eles assistem, horrorizados, a um sacrilégio libertador. Ora, é *por ele*, somente por ele, que eles se sentem cobertos de vergonha. Como ele pode lhes atribuir sentimentos tão terríveis; como pode lhes atribuir a adoração das pedras, a idolatria monstruosa?

---

35 Sobre os párias, cf. o excelente livro de Viramma, Racine e Racine, *Une vie de paria*.

O sacerdote, a tia, os párias já sabiam o que Jagannath descobriu ao falhar em seu propósito: não é uma questão de crença, mas de atitude. Não é uma questão de pedra-fetiche, mas de *fatiche*, desses seres deslocados que nos permitem viver, isto é, passar continuamente da construção para a autonomia sem jamais acreditar numa ou noutra. Graças aos fatiches, construção e verdade permanecem sinônimos. Uma vez quebrados, tornam-se antônimos. Não podemos mais passar. Não podemos mais criar. Não podemos mais viver. Devemos reconstruir os fatiches.

Graças a Jagannath, a eficácia dos fatiches tornou-se mais clara. Partimos da escolha cominatória que exigia que decidíssemos se construímos os fatos e os fetiches ou se, ao contrário, eles nos davam acesso a realidades que ninguém jamais construiu. Percebemos que ninguém na prática obedece a essa escolha, e cada um passa adiante, discretamente, sem dificuldade, atribuindo no mesmo movimento e aos mesmos seres tanto a origem humana como a autonomia. Para falar de filosofia, ninguém nunca soube distinguir entre imanência e transcendência. Mas essa obstinação em recusar a escolha, compreendemos agora, sempre apareceu como simples prática, como aquilo que jamais pode ser recebido nem em palavras nem em teoria, mesmo que os "zatoreszelesmesmos" não cansem de dizê-lo e descrevê-lo com riqueza de precisões.[36]

O golpe fracassado do destruidor de ídolos, assim como a *felix culpa* dos estudos sobre as ciências, vão nos permitir examinar (definitivamente?) o antifetichismo a fim de descrever, de fora, o aparato

---

36 Isso significa generalizar, como Michel Callon e eu frequentemente mostramos, a virada etnometodológica, estendendo-a à metafísica por intermédio da semiótica, único *organon* à nossa disposição que pode conservar, sem assombro, a diversidade dos modos de existência – à custa, é verdade, de uma transposição em texto e linguagem; restrição que tentamos superar, estendendo às próprias coisas as definições demasiado restritivas da semiótica. Assim, voltamos às entidades que nos interessavam desde o início – sob o nome impreciso de ator-rede – e que são, a um só tempo, reais, sociais e discursivas. Cf. Latour, *Changer société*.

da crença. A antropologia simétrica possui agora um operador, o fatiche, que vai ajudá-la a retomar o trabalho de comparação, mas sem se perder nos dédalos do relativismo cultural e sem mais acreditar na crença. Ao levar o agnosticismo até esse ponto, não temos mais de nos opor aos modernos sem fetiches, revelando aos olhos dos negros e dos párias ora a realidade exterior, sem disfarces, ora o abismo de suas próprias representações interiores. Não temos mais de ridicularizar os modernos que acreditam no antifetichismo tão ingenuamente quanto os negros acreditam em seus fetiches, e as velhas tias, em seus *shaligrams*. Os modernos também têm um fatiche, apaixonante, sutil, *trickster*, astucioso. Resta-nos esboçar rapidamente sua forma e compreender sua eficácia.

Como descrever os fatiches clivados dos modernos

Às vezes se faz zombaria do caráter grosseiro dos fetiches, troncos mal esculpidos, pedras mal talhadas, máscaras caricatas.[37] Peço desculpas de antemão, portanto, por propor uma descrição desajeitada dos fatiches modernos. A particularidade interessante de nossos fatiches reside no fato de que foram duplamente *quebrados*: uma primeira vez verticalmente e uma segunda vez lateralmente. A primeira ruptura permite separar violentamente o polo sujeito e o polo objeto, o mundo das representações e o das coisas. A segunda separa, ainda mais violentamente, a forma de vida teórica que leva a sério essa primeira distinção dos objetos e dos sujeitos, e uma forma

---

37 Desde o presidente de Brosses, criou-se muito caso em torno desses fetiches materiais, pesados, toscos, estúpidos e brutos. É esquecer que a *res extensa* só é brutal aos olhos de um espírito conhecedor. Sua matéria de madeira, osso, argila, pluma ou mármore pensa, fala e articula-se como todas as outras matérias. Uma pedra não tem nada de particularmente informe. Suas articulações permitem tanto o "fazer falar" quanto aquelas do fermento lático.

de vida prática, completamente diferente, pela qual conduzimos nossa existência, muito tranquilamente, ainda confundindo o que é fabricado por nossas mãos e o que existe fora de nossas mãos.[38]

Diante da astúcia desse dispositivo, compreendemos por que os modernos podem acreditar que sãos os únicos dentre os povos a escapar das crenças e dos fetiches. No alto, a quebra dos sujeitos construtores e dos objetos autônomos não permite ver o fatiche. Embaixo, a eficácia do fatiche se manifesta, mas o discurso indefinido que fala dessa eficácia se interrompe e se desloca continuamente, como devesse *codificar* o trabalho incessante de suas mediações para torná-las invisíveis à teoria. Entre os dois, a separação é total, o que protege tanto a eficácia das passagens (embaixo) quanto a pureza da teoria (no alto). Portanto, o fatiche dos modernos permanece três vezes invisível, tanto que os outros, em outros lugares, como Jagannath, não nos fornecem uma imagem unificada desses fatiches. Tão logo compreendemos essa imagem, esse retrato, percebemos que o fatiche reside no *conjunto* do dispositivo. É ele, inteiro, que deve ser estabelecido para compreendermos por que os modernos acreditam na crença e se acreditam sem fetiches.

Em todo lugar onde os modernos têm ao mesmo tempo de construir e se deixar levar por aquilo que os arrebata, nas praças públicas, nos laboratórios, nas igrejas, nos tribunais, nos supermercados, nos ateliês de artistas, nas fábricas, nos quartos de dormir, devemos imaginar que se erguem tais fatiches como outrora se erigiam os crucifixos ou as estátuas dos imperadores. Mas todos – como os Hermes castrados por Alcibíades – são destruídos, quebrados a marteladas por um pensamento crítico, cuja longa história nos remeteria aos gregos rompendo com os ídolos da Caverna, mas erigindo as Ideias; aos judeus destruindo o Bezerro de Ouro, mas construindo

---

38 Cf. os diagramas de *Nous n'avons jamais été modernes*. Substituo a dupla separação natureza/sociedade, de um lado, e purificação e mediação, de outro, por um objeto que *sustenta* a ambos e cuja presença, propósito e composição poderão ser objeto de estudos empíricos.

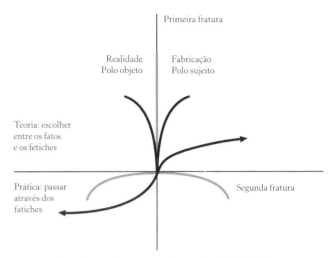

Figura 1.5 – O fatiche moderno possui a particularidade de tornar três vezes invisível aquilo que o torna eficaz; no alto não há fetiche, mas uma escolha cominatória entre dois extremos; embaixo, o fatiche permite a passagem, o faz--fazer, mas jamais deve ser dito claramente; enfim, alto e baixo são hermeticamente distintos.

o Templo; aos cristãos queimando as estátuas pagãs, mas pintando os ícones; aos protestantes caiando os afrescos, mas erguendo o texto verídico da Bíblia sobre o púlpito; aos revolucionários derrubando os antigos regimes e fundando um culto à deusa Razão; aos filósofos do martelo, auscultando o vazio cavernoso de todas as estátuas de todos os cultos, mas reerguendo os antigos deuses pagãos da vontade de potência. Como se pode observar nos dois São Sebastião de Mantegna, em Viena e no Louvre, os modernos só podem substituir os antigos ídolos que jazem destruídos a seus pés por uma *outra* estátua, também de pedra, também assentada sobre um pedestal, mas *também quebrada* pelo mártir, atravessada de flechas, destruída. Para fetiche, fetiche e meio.

Mas não, estou enganado, ainda devemos acrescentar algo mais a esses fatiches. Devemos voltar ao diagrama e acrescentar o trabalho pelo qual as estátuas destruídas foram restauradas, emendadas, remendadas. Sabemos que os etnólogos, assim como os etnopsiquiatras, admiram com razão os pregos, os cabelos, as plumas, os búzios, as escarificações e as tatuagens que cobriam os antigos fetiches – quer dizer, os fetiches tirados dos negros da Costa do Ouro, antes de serem jogados à fogueira ou guardados em museus. O que dizer, então, da extraordinária proliferação de marcas, pedaços de barbante, pregos, plumas, arames farpados, fitas adesivas, alfinetes e grampos com os quais se restaura desde sempre o alto clivado dos fatiches modernos, assim como o gancho que os mantinha sobre os pedestais? Todo mundo, desde sempre, restaurou o duplo rasgo com remendos constantes.

Por que os etnólogos se interessam tão pouco por esses maravilhosos remendos que permitem restaurar todos os dias, e de mil maneiras diferentes, a eficácia do fatiche, embora a teoria tenha destruído a passagem entre a construção e a realidade? Se tivessem sido destruídos realmente, ninguém, em parte alguma, poderia mais agir. Mas, se não tivessem sido destruídos por uma sólida martelada, os modernos não se distinguiriam radicalmente dos outros. Não haveria nenhuma diferença entre a parte de baixo e a parte de cima de seus fatiches. Eles passariam à ação como sempre se fez na costa da África, como ainda se faz no vasto país falante e silencioso da prática. Por que essa configuração bizarra? Por que destruir para restaurar em seguida, como se admirou o coreano fictício no texto do prólogo? É que, ao remeter à prática subterrânea a preocupação de resolver a contínua contradição imposta pela quebra violenta dos fatiches passadores e mediadores, os modernos puderam mobilizar forças inauditas, sem que jamais elas aparecessem como ameaçadoras ou monstruosas. O alto destruído dos fetiches não é uma *illusio* a mais, uma ideologia que dissimularia, pela falsa consciência, o verdadeiro mundo da prática. Esse alto desorganiza a teoria da ação, cria o mundo independente da prática, e lhe permite manifestar-se sem ter *instantaneamente* de prestar contas. Graças aos ídolos destruídos, é possível inovar sem risco, sem responsabilidade, sem perigo. Outros, mais tarde, em outro lugar, sofrerão as

SOBRE O CULTO MODERNO DOS DEUSES *FATICHES* **59**

consequências, medirão o impacto, avaliarão as repercussões e limitarão os estragos.

O pesquisador do Instituto Pasteur que se apresenta inocentemente, dizendo: "Bom dia, sou o coordenador do cromossomo 11 da levedura de cerveja" não diz nada diferente da famosa frase: "Os bororos são araras". Ele também confunde suas propriedades com as da levedura de cerveja, da mesma forma que Pasteur misturava seu corpo ao do ácido lático, e as nações do Amazonas misturavam suas culturas com a sua natureza ambiente.[39] É claro que nosso pesquisador não se considera um cromossomo, assim como os bororos não se consideram papagaios. Mas ao fim da conversa, após ter discorrido, durante três horas, sobre a Europa, a indústria da cerveja, os programas de visualização das bases do DNA no Macintosh, o genoma da *Saccharomyces cerevisiae*, diz ele, também inocentemente: "Mas faço apenas ciência!". Aqui se encontra a pequena diferença, a quebra de simetria. Pois se o mundo das araras não pode se mover sem abalar o mundo dos bororos, e vice-versa, é possível que o cientista se tome por um cromossomo e mova toda uma indústria, toda uma ciência, como se esse duplo abalo só perturbasse fatos homogêneos. Quando o cromossomo 11 da levedura da cerveja surgir no mundo, ele apenas preencherá, de uma só vez, inesperadamente, a natureza, no alto, na claridade. Embaixo, tomados de assalto, outros deverão arcar de súbito com as consequências – éticas, políticas, econômicas – dessa ação. O pesquisador faz, terá feito, fará "apenas ciência".

Do fundo do seu laboratório, você pode revolucionar o mundo, modificar os genes, reconfigurar o nascimento e a morte, implantar próteses, redefinir as leis da economia, e tudo isso aparecerá apenas como "simples prática", opaca e silenciosa. No alto, na claridade dos fetiches destruídos, só se falará de ciência, de um lado, e de liberdade, de outro, sem que jamais os dois lados se misturem,

---

39 Sobre essas misturas, cf. o belo livro de Descola, *La nature domestique*, e sua reinterpretação literária e reflexiva em *Les lances du crépuscule*.

mesmo que, por um prodigioso remendo, graças a circuitos de retroação, flechas e idas e vindas, juntarmos as duas partes quebradas sem lhes recuperar novamente a alma. Todas as vantagens da crítica – no alto; todas as vantagens da prática – embaixo. Todas as vantagens da distinção meticulosa – entre os dois. Todas as vantagens da passagem de um lado para o outro com todo o conhecimento (prático) dos três repertórios: o da quebra, o da passagem e o da restauração.[40] Você percebe que os brancos também são dignos de interesse, já que podem oferecer traços distintivos suficientes aos olhos da antropologia comparada...

Que não haja mal-entendidos. Não estou rebaixando os modernos, por seu breve fracasso, ao nível dessa devoção monstruosa e bárbara com a qual acreditam ter rompido definitivamente. Não estou retomando o tema dos ídolos do Fórum, do Templo ou do Mercado para acusar os sensatos de acreditar apesar de tudo, à maneira dos negros ou dos párias. Não os estou encorajando, como o filósofo do martelo, a destruir finalmente, num último e heroico esforço, as últimas superstições que ainda habitam as ciências e a democracia. É a própria definição do monstro, da barbárie, dos ídolos, do martelo e da ruptura que devemos retomar. Nunca houve bárbaros; nós nunca fomos modernos, nem mesmo em sonho – sobretudo em sonho! Se coloco no mesmo nível os portugueses cobertos de amuletos e os guineenses igualmente cobertos de amuletos, os fetichistas e os antifetichistas, os adoradores do *shaligram* e os brâmanes iconoclastas, é *pelo alto*, não por baixo que o faço. Quem conhece melhor o assunto? Mas, claro!, aqueles que sempre fizeram seus fatiches dizerem que eles serviam de passagem àquilo

---

40 Ao querer que sigam as consequências de suas ações, em todas as suas idas e vindas, Jonas, em *Le principe responsabilité*, toma os modernos por negros porque exige, sem medir o impacto disso, que eles percam justamente o que faz – o que fazia – sua força ser exemplar: a irresponsabilidade parcial, a ruptura na continuidade da ação, a surpresa incompreensível diante da aparição distinta de fatos da natureza, de um lado, e de responsabilidade ética, de outro.

SOBRE O CULTO MODERNO DOS DEUSES *FATICHES* 61

que, tão logo eles fossem construídos, os transcenderia. Será que nós, modernos, temos essa grandeza? É claro, fique tranquilo, sem isso você não poderia rezar, acreditar, pensar, descobrir, construir, fabricar, trabalhar, amar. Mas acontece que a sua particularidade provém desse traço distintivo: seus fatiches, ainda que destruídos, encontram-se de tal forma remendados que remetem à prática o que a teoria só pode apreender sob a dupla forma da quebra e da restauração. Essa é a nossa *tradição*, a dos destruidores e dos restauradores de fetiches, esses são os nossos *ancestrais*, que devem ser respeitados sem exageros, como se faz com toda a linhagem.[41]

Aprecio bastante, confesso, a descrição do mundo moderno que se obtém quando são recuperados, em todos os pontos, todas as praças, todo cume, todo frontão, todo templo, toda ramificação, todo cruzamento, a multidão de fatiches quebrados, refeitos, práticos. Não precisamos mais opor o mundo desencantado, virtual, ausente, desterritorializado a um outro, mais rico, mais íntimo, mais compacto e mais completo, o dos primitivos – que, de todo modo, jamais viveram na quietude fetal dos sonhos dos bons selvagens. Mas tampouco devemos imaginar que, graças à verdade, à eficácia, à rentabilidade, vamos sair do horrível magma bárbaro na direção do qual, se não tivéssemos tomado cuidado, nosso passado nos lançaria – os bárbaros não existem, assim não existem os selvagens, e nós, os modernos, com nossas ciências, nossas técnicas, nossos direitos, nossos mercados e nossas democracias, *também não* somos bárbaros, ao contrário do que diz a imaginação dos heideggerianos.[42] Somos como todo mundo (onde está a dificuldade? Onde está

---

41 Não nos esqueçamos de que também devemos aos modernos, e somente a eles, essa outra dicotomia entre o respeito pelos ancestrais, de um lado, e a invenção livre de todo entrave do passado, de outro. Reação e revolução, tradição e inovação emergem da mesma estranha concepção.

42 Os movimentos reacionários desse século que quiseram – e ainda querem – louvar o paganismo e desejam destruir a universalidade da razão enganam-se terrivelmente tanto sobre o que adoram como sobre o que execram: eles descrevem a selvageria como desejável, seguindo o exotismo mais raso, e detestam a

a perda? Onde está o perigo?), salvo que nos ligamos por mil laços aos fatiches particulares, aos nossos ancestrais, às nossas tradições, às nossas linhagens, que nos permitem viver e passar. Somos herdeiros desses destruidores e restauradores de fetiches. A antropologia comparativa agora possui meios de restabelecer um diálogo que me parece mais fecundo do que os propostos pela Unesco ou pelos ressentimentos enfadonhos do anti-imperialismo. Pela primeira vez, talvez, não temos mais bárbaros, nem no exterior nem entre nós. Pela primeira vez, talvez, podemos utilizar a palavra "civilização", sem que esse termo admirável seja envolvido por forças obscuras que esperam apenas uma palavra de ordem para transpor o *limes*[43] e devastar tudo. Pela primeira vez, talvez, podemos nos lembrar de que a civilizações *não* são mortais.[44]

---

razão por aquilo que ela afirma ser, ao passo que ela mostra, na prática, a mais civilizada, a mais fina, a mais socializada, a mais localizada, a mais coletiva das formas de vida. Se é preciso reantropologizar o mundo moderno, é pelo alto, pelas ciências e pelas técnicas, e não por baixo, dando credibilidade à visão que três séculos de clericalismo e racismo ordinários acreditaram poder oferecer dos primitivos e dos pagãos.

43 Zona fronteiriça de uma província do Império Romano. (N. T.)

44 Como lembra Sahlins em *La découverte du vrai sauvage et autres essais*, embora até pouco tempo atrás a antropologia se desesperasse com o fim das culturas – ou com a sua própria implosão pós-moderna –, hoje ela é invadida pelo renascimento de novas culturas que não são modernas e *pedem* para ser estudadas. Não avaliamos ainda quanto o reequilibrio em benefício da Ásia *alivia* os ocidentais. Fim do peso de consciência europeu. Início de uma antropologia enfim tão robusta quanto as sociedades que deve poder analisar sem fazê-las perecer.

Segunda parte
Transpavores

Como contrabandear divindades graças aos imigrantes de periferia

Agora podemos definir o antifetichismo com precisão: é a *proibição* de apreender como se passa da fabricação humana às entidades autônomas que se formam e que se revelam por essa prática. Inversamente, podemos definir a antropologia simétrica como aquilo que *revoga* essa proibição e confere um sentido positivo ao fatiche. Este, portanto, pode ser definido como a *sabedoria da passagem*, como aquilo que *permite* passar da fabricação à realidade; como aquilo que dá a autonomia que não possuímos a seres que também não a possuem, mas que, por isso mesmo, a concedem a nós. O fatiche é o que faz fazer, o que faz falar. "Graças aos fatiches", poderiam dizer os feiticeiros, os praticantes, os cientistas, os artistas, os políticos, "podemos produzir seres ligeiramente autônomos que nos transcendem até certo ponto: divindades, fatos, obras, representações." Infelizmente, essa formulação reutiliza os termos "nós", "produção", "autonomia", "transcendência", que foram forjados ao longo dos séculos para alimentar a polêmica antifetichista

66 BRUNO LATOUR

da qual justamente tentamos nos desvencilhar.[1] Após ter investigado durante muito tempo os avatares do objeto e verificado que ele jamais ocupa a posição de objeto-feitiço nem a de objeto-causa, devemos nos voltar para os avatares do *sujeito*. O construtivismo social nos obriga, com efeito, a nos enganarmos tanto sobre as entidades mobilizadas por ele quanto sobre o trabalhador infatigável que ele supõe em ação. Se Pasteur pode dizer, sem se contradizer, que tornou autônomo o fermento do ácido lático; se o praticante do candomblé pode afirmar, sem hesitar, que deve aprender a fazer a sua divindade; se a tia de Jagannath pode dizer, sem pestanejar, que o *shaligram* nada mais é do que uma pedra, e que por isso ela permite a vida de todos, o sujeito concebido como fonte da ação deve mudar tanto quanto o objeto-alvo. Eu precisaria de um lugar diferente dos laboratórios que estudei até aqui para prosseguir essa elaboração dos sujeitos correspondente à elaboração dos fatos. Tobie Nathan me ofereceu um ao qual quero fazer justiça.

Trata-se da periferia, em uma espécie de ronda composta por psiquiatras, psicólogos, estudantes, etnólogos, visitantes, jornalistas, curiosos, penetras e transeuntes que participam da sessão. Faz parte desse círculo o paciente, um pequeno elo entre muitos, sem privilégio nem inferioridade. Ele recebe esse nome para fins de registro na Seguridade Social, mas não o merece, pois é bastante ativo. Nada a ver, em todo caso, com as apresentações de doentes nos hospitais psiquiátricos, nos tempos em que os filósofos prestavam exame para obter o diploma de psicologia. Obviamente, o paciente existe, e sua doença se ajusta bem à sua pessoa, mas ela vai se desprender rapidamente e não vai mais merecer o nome de doença. O doente – já que o nome deve ser mantido – vem com a sua família direta: tio, mãe, pai, irmão ou filhos, mas também com

---

1 O leitor encontrará em Hutchins, *Cognition in the Wild*, ainda que seguindo uma tradição completamente diferente (a da "cognição distribuída"), a mesma exteriorização do trabalho do pensamento e sua transposição para a antropologia sob formas compatíveis com as da presente reflexão.

SOBRE O CULTO MODERNO DOS DEUSES *FATICHES* **67**

a indireta: juízes, assistentes sociais, psicólogos, educadores. A primeira, na maioria das vezes, é negra ou parda; a segunda é quase sempre branca.

O paciente fala sua ou suas línguas. Um primeiro tradutor comenta em francês, depois cada um faz a sua tradução. Surpreende um pouco que o paciente não esteja no centro da cena ou da conversa. Alguns tentam falar sobre ele, dotá-lo de uma interioridade, de uma história própria, de uma responsabilidade: "Ele está melhor. Está mais responsável, mais aberto. Ele se comunica", mas isso parece interessar pouco aos outros. Eles olham para baixo, para cima, para o lado, para outro lugar, e falam de qualquer outra coisa. Do quê? Das divindades. No início, o paciente se espanta, fica constrangido. Consumido por dezenas de entrevistas psicológicas (seria mais adequado dizer "psicogênicas"), ele parece cansado de falar disso. Do isso? Não, você não entendeu. O objetivo desse círculo não é passar da sala de jantar para a copa e de lá para a cozinha ou o porão. Não, ninguém está interessado nele, nem em superfície nem em profundidade. Viemos para falar do filho, mas é à mãe e aos avós que dedicamos duas horas do nosso tempo. Viemos para tratar da irmã, mas é o tio que ficou na terra natal que nos interessa. Viemos para compreender o crime cometido por um *beur*,[2] mas é às relações de Alá com seu pai e seu avô que dedicamos a manhã.

O constrangimento do paciente não dura. Depois de algum tempo, ele se interessa, mostra-se atento, junta-se à conversa como se falássemos de outra pessoa – e, de fato é de um *outro*, de muitos outros, que falamos em várias línguas. Às vezes mete o bedelho na conversa. E, coisa espantosa para o observador moralista e psicologizado que sou, acontece de rirmos às gargalhadas com ele a propósito dos dramas terríveis que se tramam fora dele.

Estamos todos num hospital psiquiátrico, prontos para vestir uma camisa de força na saída? Não, pois participamos em Saint-Denis,

---

2 Jovem de origem norte-africana nascido na França de pais imigrantes. (N. T.)

na França, de uma curiosa *experiência*: o que as entrevistas psicológicas podem fazer, uma sessão de etnopsiquiatria pode desfazer. O sujeito responsável e doente, como sabemos desde Foucault, não existe desde sempre. Para fixá-lo, para retê-lo, é necessário um aparato cuidadoso, instituições amplas e sólidas, exercícios de disciplina e de inquisição. Mas, se as condições da experiência forem alteradas, se o paciente psicológico for jogado numa sessão do Centro Georges Devereux,[3] ele se transforma em uma "agência" completamente diferente. É como se, em três horas, assistíssemos à liquefação progressiva do sujeito psicológico: ele se desprende lentamente do paciente, migra pouco a pouco para o centro da consulta e ali se dissolve, reconfigurando-se de forma completamente diferente. Aliás, não encontrando mais a que se prender, a doença também se manda, mas ninguém dá muita importância a isso. Como bem disse Lacan, o paciente se curará por tabela...

Outros podem descrever essas sessões muito melhor do que eu.[4] Visto que o dispositivo da cura impede a observação fria, é do ignorante que sou, paciente e impaciente, doente e sadio, compacto e múltiplo, que quero falar. Mas o leitor pode ficar tranquilo, não vou expor a minha psicologia; ao contrário, vou aproveitar o testemunho da cura para também eu me desfazer dela, acompanhando a migração progressiva, o desligamento da alma, para compreender de que são feitos os sujeitos brancos. Como se pode despsicologizar em três horas um paciente carregado há 48 anos de sólidas psicogêneses?

Entretanto, eu não deveria me espantar. Dentro de um laboratório, vinte anos atrás, compreendi em três horas que era preciso "desepistemologizar" todos os objetos das ciências exatas. Confesse, leitor, que a simetria é bela. No Centro Georges Devereux, imigrantes recuperam suas divindades ao perder sua psicologia; no

---

3 Centro Universitário de Ajuda Psicológica às Famílias Migrantes, Universidade Paris-VIII, situado em Saint-Denis. (N. T.)

4 Nathan, Fier de n'avoir ni pays, ni amis, quelle sottise c'était; L'influence qui guérit; e com Stengers, Médecins et sorciers.

SOBRE O CULTO MODERNO DOS DEUSES *FATICHES*

bulevar Saint-Michel, no Centro de Sociologia da Inovação, cientistas recuperam suas equipes ao perder sua epistemologia. Eu tinha de ver isso. Dois centros sem nada em comum (a não ser a silenciosa ponte de uma jovem – Émilie Hermant – e a sabedoria de uma filósofa belga – Isabelle Stengers) fazem o mesmo trabalho, duas vezes: um sobre os objetos e o outro sobre os sujeitos. Como ficaria Paris se eu juntasse os dois e se, aos objetos ressocializados pela nova história das ciências, se acrescentassem os sujeitos aos quais a etnopsiquiatria devolve as suas divindades? Não teríamos mais cientistas racionais, eficientes, úteis, tentando integrar à República imigrantes a caminho da modernização. Os objetos múltiplos dos primeiros não se aguentariam sossegados, assim como os ancestrais dos segundos.

Um paciente (eu, você, ele) – que um minuto antes se preparava na sala de espera para que o seu eu superficial ou profundo fosse examinado – é tomado por divindades das quais ele praticamente ignorava a existência, sem a obrigação de possuir um eu dotado de interioridade e consciência, e assiste, em observação participante, enquanto outros que lhe dão apenas uma atenção *passageira* interrogam divindades que se interessam por ele apenas fortuitamente. Não é mais "dele" que se trata. Talvez ele se cure. Mas, para compreender esse deslocamento, essa perda de ilusões, teríamos de oferecer novamente uma morada aos fetiches, construir um pombal onde as divindades, como numa revoada de pombas, pudessem voltar para tagarelar à vontade. Não se trata de aceitar – como compreendi rapidamente na sessão – entrar nas "representações culturais" dos atores com a hipocrisia condescendente dos psicólogos e acreditar nas divindades sob o pretexto de que os imigrantes acreditam nelas – como os loucos de histórias em quadrinhos que os enfermeiros, para acalmá-los, fazem de conta que são Napoleão. Não se trata nem de acreditar nem de suspender essa crença comum. As divindades agem sozinhas. Mas como? Em que mundo? Sob que forma? Talvez venhamos finalmente a colher os frutos dos nossos fatiches. Modificando tão profundamente a definição de crença,

Como se privar de interioridade e exterioridade

Deve ser possível devolver o lugar das divindades, desde que o *espaço* onde elas possam se manifestar seja modificado. Para isso, é preciso redefinir os plenos e os vazios que a noção de crença estabeleceu. Podemos dizer que o pensamento crítico funcionava como uma gigantesca bomba de aspiração e expiração. Sob o pretexto de que ajudamos a fabricar os seres nos quais acreditamos, ele esvaziava todos os objetos-feitiço, expulsando-os do mundo real para transformá-los um a um em fantasias, em imagens, em ideias. O pensamento crítico fez assim o vazio. Inversamente, sob o pretexto de que os objetos-fato, uma vez trabalhados em laboratório, parecem existir sem nós, ele alinhava os fatos em batalhões cerrados, compondo um "mundo real", contínuo, sem lacuna, sem vazio, sem humano. O pensamento crítico fez assim o pleno. Evitando duas vezes a curiosa prática que exige que os objetos-feitiço e os objetos--fato sejam fabricados por seres humanos, a bomba de aspiração e expiração criou simultaneamente, por subtração e adição, por sucção e pressão, enchendo e esvaziando, a interioridade e a exterioridade. Mais espaço para as divindades, porém sujeitos em profusão jogados, por engano, em um mundo de coisas. Mais espaço para o ácido lático, porém objetos exteriores subitamente descobertos por sujeitos cognoscentes.

Compreendemos melhor agora por que a psicologia nos é tão pouco adequada para situar os sujeitos quanto a epistemologia para descrever a história dos objetos. Uma não prescinde da outra. Assim como os objetos de hoje não se parecem em nada com o que acreditávamos até pouco tempo atrás, quando acreditávamos que *sabíamos*, sem intermediário e sem mediação, assim também os sujeitos

SOBRE O CULTO MODERNO DOS DEUSES *FATICHES* **71**

não se parecem em nada com o que acreditávamos, quando acreditávamos saber que em algum lugar existia uma crença ingênua. Crença e saber navegavam no mesmo barco, e afundaram juntos. Como o mundo estava abarrotado de causas objetivas conhecíveis ou conhecidas, mas certos primitivos, arcaicos, infantis, inconscientes, obstinavam-se em povoá-lo com seres fetiches inexistentes, era preciso colocar em algum lugar essas fantasias de cabeças ocas. Onde enfiá-las? Na cabeça oca. Mas ela está cheia! Pouco importa, vamos *escavá-las*! Vamos inventar a noção de interioridade cheia de sonhos vazios, sem referência nenhuma com realidade conhecida pelas ciências exatas ou sociais.

Como podemos ver, o sujeito da interioridade serve de contrapartida para os objetos da exterioridade. Para fazer a ligação, inventamos em seguida a noção de "representação". Graças a ela, o sujeito da interioridade começa a projetar na "realidade exterior" seus próprios códigos – que lhe viriam de fora, por um encadeamento causal dos mais impressionantes, das estruturas da língua, do inconsciente, do cérebro, da história, da sociedade. Dessa vez, a confusão é geral. Um sujeito fonte da ação, dotado de interioridade e consciência, fragmentaria arbitrariamente a realidade exterior, que existiria independentemente dele e determinaria, por um outro canal, essas mesmas representações. E aquela gente ainda pretendia torturar os negros da Costa do Ouro! Decididamente, é o hospital zombando do asilo... Pior, decididos a não mais repetir a condescendência dos portugueses conquistadores, os dissimulados dizem respeitar os selvagens, afirmando que estes deliram *como eles*, e que os pobres negros ou brâmanes teriam a sorte de possuir também "representações sociais" que fragmentariam a realidade segundo outros vieses e outros arbítrios. Fazer dos outros parceiros comovidos e reconhecidos dos delírios modernistas é uma maneira muito estranha de respeitá-los! O relativismo cultural acrescenta um último delírio a todos os precedentes.

Obviamente poderíamos prescindir completamente de interioridade *naturalizando* a vida interior. O pensamento crítico oferece um repertório rico – demasiado rico, demasiado fácil, demasiado vantajoso – para mergulhar o sujeito nas causas objetivas que o manipulam (ver Figura 1.2). É muito fácil fazer do sujeito o efeito superficial de um jogo de linguagem, a capacitância provisória que emergiria de uma rede neuronal, o fenótipo de um genótipo, o consciente de um inconsciente, o "idiota cultural" de uma estrutura social, o consumidor de um mercado mundial. Cortar braços e pernas dos sujeitos: todos sabemos dessas amputações lendo os jornais. Nós nos preparamos para a morte do homem desde o primeiro ano de faculdade. Felizmente esses procedimentos são interditados desde o pequeno escândalo assinalado anteriormente: a *felix culpa* da antropologia das ciências. De fato, seria preciso acreditar a sério em uma ou em várias das ciências sociais ou naturais, importadas no atacado ou no varejo, para calar a boca do tagarela sujeito falante. Mas passar brutalmente dos sujeitos autônomos para os objetos científicos que os determinam prolongaria o antifetichismo, ao invés de extingui-lo. Não queremos confundir Pasteur, tão atento aos gestos precisos que revelam seu fermento, assim como não queremos perder o nosso praticante do candomblé que fabrica a sua divindade, ou ignorar como os ancestrais de Jagannath fizeram para transformar uma simples pedra naquilo que os mantém vivos. Nossa teoria da ação deve compilar exatamente o que eles produzem *de particular*, no momento mesmo em que são *ligeiramente transcendidos* por suas ações, *porque* eles são ligeiramente transcendidos por suas ações.

Curiosamente, a via dos fatiches parece muito mais simples, mais econômica, mais razoável e, sim, mais racional. Em vez de se dar, primeiro, objetos-causa que preenchem a totalidade do mundo exterior; segundo, sujeitos-fonte dotados de interioridade e empachados de fantasias e emoções; terceiro, representações mais ou menos arbitrárias que tentam estabelecer, com maior ou menor sucesso, uma ligação frágil entre as ilusões do eu e a dura realidade conhecida somente pelas ciências; quarto, novas determinações causais a fim de explicar a origem arbitrária dessas representações,

SOBRE O CULTO MODERNO DOS DEUSES *FATICHES* **73**

por que não abandonar a dupla noção de saber/crença e povoar o mundo com as entidades desgrenhadas que saem da boca dos "zatoreszelesmesmos"?

Pasteur não pede que seu fermento de ácido lático seja exterior a ele, já que o tem em laboratório e, como admite ingenuamente, lhe deu uma mãozinha, em função dos seus preconceitos, para que aparecesse como um ser vivo. E, no entanto, Pasteur pede que se reconheça toda autonomia da qual esse fermento é capaz. Os praticantes do candomblé não afirmam que a divindade fala diretamente com eles, com uma voz vindo do céu, já que admitem, também ingenuamente, que a divindade corre o risco de se tornar uma "espécie em via de extinção", se não houver um *savoir-faire*. E, no entanto, na boca dos candomblecistas, essa confissão *reforça*, ao invés de enfraquecer, a própria existência da divindade que lhes fala. A tia de Jagannath não pede que a pedra seja outra coisa além de uma pedra. Ninguém jamais manifestou, concretamente, uma crença ingênua em um ser qualquer.[5] Se existe crença, é a atividade mais complexa, mais sofisticada, mais crítica, mais sutil, mais reflexiva que há.[6] Mas essa sutileza não pode se manifestar se o que se procura é, em primeiro lugar, fragmentá-la em objetos-causa, sujeitos-fonte e representações. Privar a crença de sua ontologia, sob o pretexto de que ela tomaria lugar *no interior* do sujeito, é desconhecer ao mesmo

---

5 Todos os anos, cada exemplo canônico é virado do avesso pela historiografia moderna, como no admirável exemplo estudado por Russel, *Inventing Flat Earth*. E, no entanto, como se zombou desses monges tão ingênuos que acreditaram, em primeiro grau, na Terra plana! O autor prova, com brio, que essa crença na crença ingênua data do século XIX, quando ela ainda não tinha nada de ingênua, pois fazia parte da bela cenografia das Luzes emergindo das eras obscuras.

6 Uma obra que, para mim, é decisiva é a de Darbo-Peschanski, *Le discours du particulier*. Ela pode servir de método geral para compilar a diversidade de posições que a noção de crença destruía. Para exemplos mais recentes, ver Gomart, Methadone: Six Effects in Search of Substance, *Social Studies of Science*, v.32, n.1, 2002, p.93-135.

tempo os objetos e os atores humanos. É não alcançar a sabedoria dos fatiches.

O provérbio chinês: "Quando o sábio aponta a Lua, o imbecil olha para o dedo", aplica-se perfeitamente à atitude denunciadora do pensamento crítico. Ao invés de olhar para o que causa a atenção apaixonada dos atores, o antifetichista se acha muito esperto porque denuncia o objeto da crença com um dar de ombros – objeto este que ele sabe pela ciência infusa, ou melhor, pela ciência confusa, que não existe – e dirige a atenção para o dedo, depois para o punho, para o cotovelo, para a medula espinhal e, de lá, para o cérebro e o espírito, de onde torna a descer, através das causalidades objetivas oferecidas pelas outras ciências, na direção da educação, da sociedade, dos genes, da evolução, em suma, do mundo pleno que as fantasias dos sujeitos não são capazes de ameaçar. Uma hipótese muito mais simples, mais inteligente, mais econômica e, finalmente, por que não dizer?, mais científica, consiste em dirigir o olhar, como diz o provérbio, não apenas para a Lua,[7] mas também para os fermentos de ácido lático, as divindades, os buracos negros, dos genes desgrenhados, das aparições da Virgem etc. O que temos a perder? Do que temos medo? Que o mundo seja populoso? Ele nunca será populoso o suficiente. É provavelmente o vazio desses espaços que nos aterroriza. Assim como o mundo escolástico tinha horror ao vazio, o mundo das explicações sociais e causais tem horror às *ontologias de geometria variável* que nos obrigariam a redefinir tanto a ação como os atores, e que se estenderiam pelo espaço intersideral como os planetas e as galáxias, irredutíveis uns aos outros.

O medo de não limitar o suficiente a população desses seres, abandonando a diferença entre epistemologia e ontologia, crença e saber, felizmente vem apenas do alarido do pensamento crítico. É o barulho do pistão da bomba de aspiração e expiração, e somente

---

7 Sabemos do esforço que foi necessário a Galileu e seus pares para apontar o dedo e a lente do telescópio para a Lua.

SOBRE O CULTO MODERNO DOS DEUSES *FATICHES* **75**

ele, que nos impede de perceber que os "zatoreszelesmesmos" raramente exigem dos seres com quem eles dividem a vida que existam *sob a forma de fatos brutos*, contínuos, obstinados, irredutíveis. Quando Élizabeth Claverie vai em peregrinação a Međugorje para ver a aparição da Virgem Maria ao meio-dia em ponto,[8] ela não se comporta como o idiota do provérbio chinês e não começa pavoneando-se de sua superioridade científica: "Como sei que a Virgem não existe nem aparece, vou me preocupar em apenas compreender como os trabalhadores franceses podem acreditar na existência dela e por quais razões". Ela segue o dedo que aponta para a Virgem, atitude extremamente sensata, e sobretudo, extremamente sábia. Sim, claro, a Virgem aparece, todo mundo a vê, toda a multidão, com os estalidos das Polaroids, consegue a prova da aparição. Élizabeth também a vê: como podia não vê-la? Mas, se escutarmos a palavra múltipla que se eleva da multidão em prece, assim como os sussurros emocionados no trem que leva os peregrinos de volta a Paris, percebemos com surpresa que em nenhum momento os fotógrafos esperam ver a Virgem impressa no papel fotográfico, como uma estátua de Saint-Sulpice. A Virgem não exige a posição de coisa a ser vista – ou de ilusão a ser denunciada; o fermento de Pasteur, para existir, não exige em nenhum momento o papel de objeto construído – ou de objeto descoberto; o *shaligram* não exige mais do que ser uma pedra. O *envoltório ontológico* criado pela Virgem salvadora, seu "caderno de encargos", se ousamos dizer, obedece a exigências que não recortam, em nenhum momento, os dois polos da pobre existência e da pobre representação.[9] Ela faz algo completamente diferente: ela ocupa o mundo – sim, eu disse o mundo – de uma forma muito diferente daquela que esperavam os clérigos e os anticlericais.

O único exemplo de crença ingênua que possuímos viria então da crença ingênua dos cientistas no fato de que os ignorantes acreditam

---

8 Claverie, La Vierge, le désordre, la critique, *Terrain*, v.14, 1990, p.60-75; *Les guerres de la Vierge*.

9 Ver o modelo proposto em Latour, *A esperança de Pandora*.

76 BRUNO LATOUR

ingenuamente? Não inteiramente, pois existem, de fato, ignorantes que reproduzem bastante bem a imagem que os cientistas gostariam que eles passassem de si mesmos. Os fotógrafos de discos voadores, os arqueólogos de cidades espaciais perdidas, os zoólogos em busca de pistas do Iéti, os que tiveram contato com os homenzinhos verdes, os criacionistas em luta contra Darwin, todas essas pessoas que Pierre Lagrange estuda com a atenção apaixonada de um colecionador procuram efetivamente fixar entidades que aparentemente teriam as *mesmas* propriedades de existência, o mesmo caderno de encargos, que as entidades que, segundo os epistemólogos, saem dos laboratórios.[10] Mas é curioso que eles são chamados de "irracionalistas", apesar de seu maior defeito ser a confiança inabalável que depositam num método científico datado do século XIX para explorar o único modo de existência que são capazes de imaginar: o da coisa já lá, presente, esperando ser fixada, conhecida, irredutível. Ninguém é mais positivista do que os criacionistas e os ufólogos, já que não conseguem nem sequer imaginar outras maneiras de ser e falar senão descrevendo as *matters of fact*. Nenhum cientista é tão ingênuo, ao menos em laboratório. De modo que, paradoxalmente, o único exemplo de crença ingênua que possuímos parece vir de irracionalistas que pretendem derrubar a ciência oficial com fatos irredutíveis dissimulados por um complô.

Entretanto, olhando mais de perto, mesmo essa espécie de cientificismo poderia escapar à acusação de ingenuidade, pois a busca interminável dos ufólogos visa a objetos desgrenhados – empobrecidos, evidentemente – que não conseguem obedecer ao papel que o cientificismo preparou para eles. Curioso mal-entendido que deixaria a crença ingênua sem nenhum exemplo que a comprove. O resultado seria engraçado. Os epistemólogos exibiriam aos nossos olhos, então, o único caso verdadeiramente seguro de crença

---

10 Cf. a tese em curso (em longo curso!) de Pierre Lagrange, bem como seu artigo Enquête sur les soucoupes volantes, *Terrain*, v.14, 1991, p.76-91, e o número especial, organizado por ele, de *Ethnologie Française*, v.23, n.3, 1993.

SOBRE O CULTO MODERNO DOS DEUSES *FATICHES*   77

ingênua, em primeiro grau. Novo *cogito*, novo ponto fixo: creio na crença, logo sou moderno! No entanto, mesmo esse *hapax* não está provado, visto que a intenção política que mantém a crença na crença, a despeito da universalidade de todos os contraexemplos, derrubando assim o princípio da indução, determina um objeto cabeludo, ele mesmo muito interessante! Existem boas razões políticas para acreditar na diferença entre razão e política.[11]

Como estabelecer o "caderno de encargos" das divindades

Quando o dedo apontar para a Lua, olharemos para a Lua. O pensamento conta menos do que os seres pensados; é a estes que devemos nos ligar. Munidos desse resultado, voltemos à consulta. Naquele momento, eu não tinha o lugar para instalar as divindades sem fazer representações. Mas como respeitar entidades que foram privadas de existência? A existência não faz parte dos ideais indispensáveis ao respeito, o que a noção de crença não permite manter?[12] Eu precisava retornar à fenda entre as questões epistemológicas e as questões ontológicas. A nova história das ciências me permitiu deslizar entre as duas. O fermento do ácido lático descoberto/construído/induzido/formado por Pasteur serviu de modelo para a compreensão das

---

11 Para acompanhar essa política da razão que salva *na prática* a epistemologia da sua própria teoria, cf. Stengers, *L'invention des sciences modernes*, e o livro de Cassin, *L'effet sophistique*.

12 A solução que consiste em transformá-los em significantes distribuídos por regras inconscientes permitiu aos estruturalistas belos efeitos de inteligibilidade, mas agora podemos avaliar melhor o preço que pagaram para elaborar essa *ciência do não sentido*: eles tiveram de abandonar o sentido das práticas e privar o pensamento da ontologia sutil que, no entanto, ele manifestava a todo e qualquer momento. Mais vale, é claro, a lógica do significante do que o delírio do "pensamento primitivo", mas a solução mais econômica ainda é povoar o mundo com os seres de que falam os atores, e segundo as especificações diversas reivindicadas por eles.

divindades. Ele *também não* teria seu lugar no "mundo real", se fosse necessário dividir as coisas em causas, interioridades e representações. Vantagem da simetria: tomando como exemplo os seres mais respeitados de uma cultura, a nossa, lançamos luz sobre os seres mais desprezíveis de outra. Todos pedem para existir, nenhum se mantém de pé na escolha – que acreditamos sensata – entre construção e realidade, mas cada um requer formas particulares de existência cujo *caderno de encargos* deve ser estabelecido com cuidado.

Já preenchi a primeira condição desse caderno: as divindades investidas na cura realmente existem. Evidentemente corro o risco de enfraquecer de imediato esse reconhecimento, ao atribuir com demasiada generosidade a existência dessas divindades. À primeira vista, temos coisas *demais* para levar em consideração, visto que sonhos, unicórnios e montanhas de ouro devem conviver, sem nenhuma seleção, com deuses, espíritos, fermentos de ácido lático, obras de arte, sociedades, *shaligrams*, genes e aparições da Virgem Maria. Como nos privamos voluntariamente do recurso oferecido pelo antifetichismo, e como não podemos mais relacionar todas essas entidades nas quatro listas do repertório crítico (ver figura 1.3), temos a impressão vertiginosa *that anything goes.* Ao lado desse relativismo ontológico, o relativismo cultural parece quase inocente. Como os hebreus no deserto, suspirando à lembrança das cebolas que lhes davam os senhores egípcios, será que sentiremos falta da sólida diferença entre o psiquismo, as representações e as causas? Tal diferença tinha ao menos a vantagem de ordenar toda essa miscelânea e nos obrigar a distinguir o que estava adormecido na interioridade dos sujeitos e o que estava sepultado na exterioridade das coisas. Esse novo ecumenismo, demasiado laxista, pode muito bem nos mergulhar na noite, na qual todos os gatos são pardos. Horrorizados com essa confusão, não ficamos tentados a recuar e a nos colocar novamente a questão, à sombra dos fatiches clivados dos modernos: isso é construído por nós? É autônomo? Está na nossa cabeça? Está nas coisas? Somos senhores ou somos transcendidos?

SOBRE O CULTO MODERNO DOS DEUSES *FATICHES* **79**

Antes de voltar a esse estágio, devemos compreender a vantagem desse ecumenismo para compreendermos a cura. Não sucumbimos ao irracionalismo para acompanhar um paciente que mobiliza suas divindades, assim como não devemos "sucumbir ao racionalismo" para seguir a forma como Pasteur se mistura com o seu fermento. *Não há mais vertentes.* Em todo caso, não há duas vertentes, mas várias que levam a outras facetas ou desdobramentos. Perguntar como essas entidades se mantêm de pé, depois de eliminadas as sólidas colunas do sujeito e do objeto, nos leva a perguntar onde caem os sóis, as galáxias e os planetas quando perdemos o cosmos aristotélico! Eles se mantêm, desde que o quadro de referência de um mundo finito, dotado de um alto e de um baixo, não os force a cair ou subir em um movimento relativo. Da mesma forma, as entidades irredutíveis mantêm muito bem umas às outras. Elas descansam em seu mundo sem excesso nem resíduo. Caso admitimos esse ponto, podemos falar com fervor, calor e entusiasmo de Pasteur remexendo seu laboratório, sua carreira e seu fermento, e analisar com frieza, precisão e distância os candomblecistas preparando suas divindades. Nada impede, portanto, a utilização de jogos de linguagem *inesperados*, já que não correspondem mais a domínios ontológicos dos quais uns seriam frios e outros quentes, uns abertos, outros fechados, uns espirituais e outros materiais.

A metade inferior dos fatiches, para dizer de outra forma, não nos introduz no mistério. É sombria apenas por causa da sombra projetada pela parte superior, que é a única a aspirar à claridade. Afastemos essa claridade! Nossos olhos se habituam rapidamente à luz fosforescente que parece vir dessas entidades, como as matrizes ativas das telas planas dos computadores que não são iluminadas por nada do exterior. A linguagem do mistério, os tremores de voz, as inquietações, os desassossegos, tudo isso provinha dessa desastrosa transcendência que se queria acrescentar ao simples mundo conhecido somente pela ciência. De fato, não podendo mais situar as inumeráveis entidades com as quais misturamos nossas vidas (já que a imagem tradicional da ciência nos descrevera este baixo mundo repleto de causalidades eficazes), e não podendo nos resignar em alojá-las no âmago do nosso eu para transformá-las em fantasmas, complexos ou jogos de significantes, não tínhamos outro recurso senão inventar *um outro mundo*, ocupado por deuses, diabos, *poltergeist* ou súcubos, bricabraque exótico, abrigo da gnose, celeiro de toda a bobajada *New Age*. Falar de mistério, ou pior, falar a meia-voz em tom misterioso, seria blasfemar contra todos os fatiches, os das divindades, é claro, mas também os dos laboratórios. Dividir o mundo em alto e baixo, em natural e sobrenatural, seria impedir de compreendermos ao mesmo tempo Pasteur e seu fermento, o paciente e suas divindades, o peregrino e sua Virgem, Jagannath e sua pedra. Não existe outro mundo senão o baixo mundo. Não há tampouco por que sucumbir às fantasmas do eu. Uma vez tapados esses três buracos, não existe mais mistério particular, ou ao menos o mistério, assim como o bom senso, se torna a coisa do mundo mais bem partilhada. Somos todos "excedidos pelos acontecimentos".

Como transferir os pavores

Uma vez instaladas as divindades na existência, podemos registrar no caderno de encargos que é possível falar delas em uma linguagem exata e precisa, sem necessidade de nenhuma das cenografias do exotismo, e sem precisar acreditar que elas vieram de um outro mundo, diferente do nosso – suposto, por contraste, plano, baixo, pleno, causal e racional. O que ainda é preciso acrescentar, para que o modo de existência dessas divindades se distinga da existência dos outros? Deparo aqui com uma nova dificuldade. Devo acreditar no que os etnopsiquiatras dizem sobre o que fazem, ou seguir suas práticas? Não esqueçamos que, entre os modernos, as partes altas e baixas dos fatiches se opõem completamente. O que é verdadeiro para os filósofos das ciências pode ser também para os

SOBRE O CULTO MODERNO DOS DEUSES *FATICHES*   81

etnopsiquiatras. Ora, a consulta da qual participo é feita na periferia; mistura etnias diversas que jamais teriam se encontrado fora do solo da República; é feita em várias línguas; é gravada em vídeo; é reembolsada pela Seguridade Social, alguns imigrantes presentes estão integrados há muito tempo à nova terra de acolhida, enfim, ali também se tratam franceses da Beauce e da Borgonha. É difícil imaginar um dispositivo mais heterogêneo, menos tradicional. Mas é justamente por se tratar de um instrumento *artificial* que ele me interessa. Pouco importa, para mim, que esse aparelho, semelhante a um acelerador ou a uma máquina de calcular, esteja vestido de todo um folclore que fala de culturas, autenticidade, retorno aos ancestrais, assembleia de aldeias, baobás ou curandeiros tradicionais. Faço questão de separar, no que se segue, o *efeito* produzido por esse instrumento experimental de grande alcance e a etnografia pela qual se queria defini-lo.[13]

Um tipo de energia particular é produzido, mobilizado, ajustado, dividido, trabalhado, construído, distribuído. Como captar essa energia? Como defini-la? Após ter afastado a pretensão à autenticidade – que contradiz a própria natureza da inovação e não permitiria fazer justiça à sua originalidade –, preciso afastar um outro fenômeno, certamente importante, mas que perturba o seu interesse (aos meus olhos de paciente e ignorante). Há um esforço, feito por intermédio da cura, para dotar os doentes de uma *identidade*, para refiliá-los, para reterritorializá-los. Ora, a fabricação da identidade exige outros veículos, outros meios, outros procedimentos, outros arranjos, diferentes daqueles que são mobilizados pelas divindades. Nós, brancos descendentes dos macacos, não somos menos filiados que aqueles que descendem dos heróis, dos totens ou

---

13 É isso que explica, no meu entender, a incompreensão de certos antropólogos a respeito do trabalho de Tobie Nathan; eles buscam uma autenticidade da "etnicidade" que não encontram nele, sem ver que a originalidade do laboratório do Centro Devereux vem justamente da sua artificialidade. O melhor ainda é voltar à fonte comum: Devereux, *Essais d'ethnopsychiatrie générale*.

82   BRUNO LATOUR

dos clãs.[14] O futebol, o rock, as drogas, as eleições, o assalariamento, a escola filiam talvez tão seguramente quanto os ancestrais, a raça, a terra e os mortos. Ou, ao menos, a construção e a transformação das culturas são fenômenos demasiado complexos para que possam ser reduzidos à substância de uma identidade definitiva que encontraríamos apenas quando voltamos às nossas origens. O culturalismo ruiu há muito tempo, junto com exotismo que o sustentava.[15] Não se pode mais explicar a cura reavivando esse espectro. As raízes desenvolvem-se em direções demais, entrelaçam-se rápido demais, formam rizomas surpreendentes demais para que se possa ter esperança de filiar os doentes, tratando-os originalmente como baúles, cabilas ou *beaucerons*. De todo modo, a migração e a neoformação de novas culturas neste exato momento, no mundo inteiro, tornaria impossível semelhante exercício. Aliás, imaginar que somente os negros da Costa do Ouro possuem culturas fortes e ancestrais enraizados, enquanto os brancos vagueiam sem alma e sem mortos, seria inverter o racismo do presidente de Brosses e faltar – pecado capital, no meu entender – com os princípios de simetria.

O teórico da etnopsiquiatria nos interessa menos, portanto, do que o *prático*. O que ele faz? Ele trata o doente por meio de gestos, no interior de um dispositivo experimental artificial que revela um tipo particular de energia cuja existência havíamos esquecido depois

---

14 Denomino esse trabalho de representação em constante movimento *transportes de vontades*, e ele coincide, na minha opinião, com aquilo que chamamos usualmente de político. Sobre aqueles cujos ancestrais são macacos, ver o livro de Haraway, *Primate Visions*; e *Le Manifeste Cyborg et autres essais*.

15 Apesar das fórmulas ambíguas, a produção de identidade na cura, renovada por Tobie Nathan, não se apoia no culturalismo, mas na criação voluntarista, às vezes violenta, de uma filiação exatamente tão artificial quanto o dispositivo de consulta. Cf., por exemplo, uma formulação recente em Nathan, *La guerre des psys*. Esse ponto é capital, pois é ele que distingue a etnopsiquiatria do pensamento reacionário, que pretende, ao contrário, encerrar para sempre em uma identidade natural. Aqui, mais uma vez, o artifício é aliado e não inimigo da realidade, quer se trate do dispositivo de laboratório ou da criação dos pertencimentos étnicos.

SOBRE O CULTO MODERNO DOS DEUSES *FATICHES* **83**

de tanto epistemologizar nossos objetos e psicologizar nossos sujeitos. Ele é um grande "charlatão", e eu não teria compreendido o que ele faz se antes não tivesse dado um sentido positivo a essa palavra que serve em geral para estigmatizar o mal médico.[16] No dispositivo da cura, tanto os negros como os brancos são *despsicologizados*. É esse fenômeno que eu gostaria de *isolar*, aproveitando as condições extremas do dispositivo experimental montado em Saint-Denis. Esse é meu fermento de ácido lático. A inovação decisiva da cura vem, no meu entender, da recriação, no interior do laboratório, de um *modus operandi* cujas noções de crença e representação não permitiam avaliar a eficácia. De fato, as divindades não são substâncias – não mais do que o fermento lático, aliás. Elas são ação.

Evidentemente a literatura etnográfica abunda em descrições de tais artifícios, mas o selvagem retratado por ela permanece um teórico *bricoleur* que recorta o mundo em função de seus pensamentos. Ela salvou o primitivo, é certo, mas atribuindo-lhe um pensamento teórico tão próximo quanto possível daquele que acreditava ser o nosso quando acreditávamos nas crenças e, portanto, nos saberes! Infelizmente, a ciência da qual nos servimos para essa argumentação deve tudo à teoria dos epistemólogos e nada à prática dos saltimbancos.[17] Ao invés de comparar as teorias,

---

16 Cf. o texto de Stengers na segunda parte de Nathan e Stengers, *Médecins et sorciers*. A "vontade de fazer ciência" priva o charlatão, tornado sábio, da capacidade de compreender a influência que ele exerce. Cf. Stengers, *La volonté de faire science*; esse texto nos permite dar um sentido positivo e não crítico ao livro de Borch-Jacobsen, *Souvenirs d'Anna O.* Ao aplicar aos seres humanos um modelo epistemológico que nenhum cientista jamais aplicara aos objetos, os psiquiatras não teriam perdido, por imitação de um modelo inexistente da ciência, a originalidade própria da cura. Paradoxalmente, é preciso tratar os seres humanos como Pasteur trata o fermento de ácido lático para começar a "fazê-los falar" de maneira interessante. Sobre toda essa confusão dos modelos de dominação, cf. Stengers, *Cosmopolitiques*, t.7.

17 Lévi-Strauss criou o gênero literário muito tempo atrás, mas essa teoria da ciência pode ser encontrada até no artigo apaixonante de Moisseeff, "Les objets culturels aborigènes ou comment représenter l'irreprésentable", p.8-32, que, no entanto, pretende se afastar das metáforas da linguagem para voltar ao

comparemos as práticas – no sentido definido anteriormente à sombra dos fatiches. Ninguém pode substituir o antropólogo para descrever a coerência de um sistema de pensamento; mas ninguém pode substituir o etnopsiquiatra para recriar a eficácia do gesto que, aqui, agora, na periferia, cura pelo duplo artifício do dispositivo de consulta e de filiação voluntarista.

Nosso caderno de encargos está crescendo pouco a pouco. Essas divindades existem; são objetos de um discurso positivo sem nenhum mistério; não são substâncias, mas *modus operandi*; podemos constatar a passagem tanto nos negros como nos brancos, em condições tão artificiais quanto se queira, contanto que tudo gire em torno do gesto que cura.

Devemos acrescentar ainda mais um traço, antes de poder defini-las: as divindades não se confundem com os deuses. Os deuses que salvam por meio daquilo que chamarei de "contato" são excelentes veículos para fabricar pessoas, mas pobres agentes para curá-las.[18] O sujeito constituído pelos deuses escapa efetivamente da morte, mas nem por isso sai curado.[19] Se o antigo sujeito da

---

objeto. A mais alta grandeza à qual ela pode comparar um objeto é a do "puro significante" (ibid., p.28). Da mesma forma, Augé, em *Le Dieu objet*, não encontra maneiras mais elevadas de falar dos deuses-objeto do que transformando-os em pensamentos: "A relação precisa da matéria ao mesmo tempo para se representar, para se dizer, para se atualizar, e a matéria precisa da relação para se tornar objeto de pensamento" (ibid., p.140). É muito difícil encontrar etnografias que saibam se desfazer de Kant.

18 Não deve causar espanto, portanto, que o judaísmo, o cristianismo e o islamismo tenham condenado as divindades, mas todos, sob diferentes formas, tenham deixando proliferar as curas sem poder integrá-las à sua teologia. Sobre o "mal-entendido" do judaísmo a respeito da luta contra os ídolos, cf. Halbertal e Margalit, *Idolatry*.

19 Chamo de *transportes de pessoas* essa mediação particular, tão diferente da estudada aqui quanto dos transportes de vontade pelos quais se fabricam identidades e representações. Cf. Latour, *Júbilo ou os tormentos do discurso religioso*. É inútil sublinhar que os deuses sem substância invocados aqui diferem tanto daqueles da teologia racionalista quanto os objetos das ciências diferem dos sonhos dos epistemólogos ou as divindades diferem dos espíritos misteriosos ou dos seres sobrenaturais.

psicologia podia acumular sobre si mesmo, no centro da sua interioridade, a totalidade do seu ser, aquele que aqui aparece, quase sujeito misturado aos quase objetos, assemelha-se a um *folhado*, atravessado dos veículos diversos pelos quais cada um o define em parte, mas sem jamais se deter completamente nele. Como se pode perceber, ou ao menos espero, abandonar a diferença entre as interioridades da psicologia e as exterioridades da epistemologia não equivale a "misturar tudo". Perdendo a distinção entre as representações e os fatos, não mergulhamos no indiferenciado. Seguir os diversos *veículos* nos permite, ao contrário, retraçar outras distinções além das duas únicas impostas pela cenografia moderna, e nos convida a registrar outros contrastes.[20]

Qual é o *poder* próprio das divindades? Seus modos de atrair? Seus passes? Elas constroem aqueles que as assentam ou fabricam; esse traço também faz parte do caderno de encargos. Sem elas, nós morremos, como Jagannath compreendeu no meio do pátio, no mesmo momento em que sacralizou e dessacralizou o *shaligram* da família. Ou, mais precisamente, sem a divindade não poderíamos nos desfazer de outras divindades que poderiam ameaçar a nossa existência. Cada divindade aparece, portanto, como uma *antidivindade*. Por não se proceder com atenção em relação a elas, outras divindades podem tomar o seu lugar. Não nos enganamos muito, talvez, definindo-as como um gênero muito particular de *relações de força*. Foi justamente assim que Jeanne Favret-Saada estabeleceu seu sentido.[21] Para encontrar o modelo referente, talvez devêssemos nos voltar para a sociologia complexa dos macacos, tal como a

---

20 Queremos substituir a televisão em branco e preto dos atores-rede por uma imagem a cores, fabricada por numerosos analisadores, para registrar os principais contrastes que parecem importantes aos "zatoreszelesmesmos", nossos únicos senhores. Essa "Enquête sur les modes d'existence" está em preparação.

21 Em seu livro clássico, Favret-Saada, *Les mots, la mort, le sort*, mas sobretudo em seu artigo com Contreras, "Ah! La féline, la sale voisine...", p.20-31.

descrevem os novos primatologistas.[22] Ou então para alguns tipos de relações políticas analisadas por Maquiavel que podem ser encontrados, em um estado quase puro, nas relações internacionais. Não há nada de psicológico nessa questão. Somos constantemente ameaçados por forças que, no entanto, têm a particularidade de poder ser derrubadas ou, mais exatamente, invertidas por um gesto. "Todos os dragões da nossa vida", indagava Rilke, "não seriam belas jovens que pedem por socorro?" Em vez de forças que exerceriam continuamente seus efeitos, temos forças capazes de *modificar brutalmente* seu curso rumos, de dragões a princesas, de carruagens a abóboras, de *shaligrams* a pedras. O melhor que podemos fazer, sob o domínio dessas forças, é aguentar um pouco mais, tomando precauções a mais, "tomando cuidado". Michel Serres definiu a religião como "o contrário da negligência". Existe de fato o religioso nessa constante atenção aos perigos que nos ameaçariam, porque aqueles a quem devemos nossa existência não poderiam vir em nosso socorro.

Arriscaremos um termo para definir tais divindades. Proponho chamá-las *pavores*, retomando a belíssima explicação de Tobie Nathan para essa palavra, que tem a vantagem de não supor nem essência nem pessoa.[23] Os pavores necessitam tanto de um sujeito pessoal quanto a frase "está chovendo". Lembramos que o caderno de encargos que procuro estabelecer e define os modos particulares de ser dos pavores não conduz à existência bruta e obstinada da substância. Os pavores devem não apenas inverter bruscamente o sentido maléfico ou benéfico de suas relações, como também *passar* ou fazer passar. Sua principal particularidade vem do fato de que eles não se detêm jamais no sujeito que devem absolutamente ignorar para que ele se salve um momento a mais. Os pavores passam,

---

22 Strum, *Voyage chez les babouins*; De Waal, *De la réconciliation chez les primates*.

23 Nathan, *L'influence qui guérit*. Nathan distingue a angústia que supostamente não tem causa exterior de pavor e o pavor em si, que sempre provém de algo exterior para o que convém olhar.

SOBRE O CULTO MODERNO DOS DEUSES *FATICHES*   **87**

atravessam, ricocheteiam no sujeito; caso se prendam a ele, será por erro, quase por inadvertência; caso o possuam, será porque se enganaram de alvo. Série de substituições sem lei, os pavores podem transmutar, todo ser em todo ser, a todo instante. Donde o terror que, com razão, suscitam.[24]

Hesito em reempregar o termo, mas, para descrever esse movimento, gostaria de falar em *transferências de pavores*.[25] Se os termos que emprego não são terrivelmente inadequados, podemos dizer que curar significa fazer passar o pavor vindo de lugar algum, de outro lugar qualquer, longe dali, não importa de onde, mas sobretudo, sobretudo, que o pavor não se detém, não se fixa no paciente, tomando-o por outro, e leva-o, substituindo-o por outros, sempre diferentes, em sua louca série de substituições. Para isso, é preciso *valer-se de artimanhas*. A artimanha reside nesse modo de ser, do princípio ao fim. O pavor precisa ser enganado à custa de uma negociação complicada, da qual nos damos conta muitas vezes pelos termos emprestados das transações, das negociações, das trocas. Tomemos antes a palavra *encantamento*, devolvendo-lhe o sentido forte que a língua perdeu. O encantamento permite sermos

---

24 A livre associação apenas conserva na língua o eco longínquo dessas substituições ontológicas que são uma forma, entre várias outras, de exploração do ser enquanto outro. Trata-se de uma outra versão da articulação que "faz falar" no laboratório artificial do divã.

25 Ou melhor, "transpavores" ["*transfrayeurs*"]. Não há tanto perigo quanto se acredita na reutilização da antiga linguagem da psicanálise, pois, no fim das contas, uma vez reintroduzido o divã, o consultório, o dinheiro, as associações profissionais, as controvérsias, as obras, o estilo, os ancestrais, isso termina por criar um dispositivo tão artificial, tão pouco psicológico e, portanto, tão *interessante* quanto o da etnopsiquiatria. A vantagem da simetria é que todos os "redutores de cabeça" podem ser estudados da mesma forma. A etnopsiquiatria devolve a uma prática psicanalítica – cuja teoria pretendia que ela tratasse dos sujeitos e fosse uma ciência sedenta de verdade – a sua *cultura material e coletiva*. É importante notar que a simulação, assim como os fatiches, se recusa a obedecer à escolha cominatória: é real, é simulado? No laboratório, assim como no divã, a simulação se recusa justamente a escolher entre o artificial e o verdadeiro. Cf. Borch-Jacobsen, *Souvenirs d'Anna O.*

astuciosos com o pavor, segundo a fórmula bastante comum: "Se você me confunde com qualquer outro, talvez confunda esse outro comigo". Trata-se de um artifício necessário, do qual a mitologia oferece mil exemplos. Imaginemos, então, a forma provisória desse quase sujeito de divindades que toma o lugar do sujeito da psicologia: cercado de pavores que podem possui-lo por engano, apelando para contrapavores que são objeto de preocupação contínua, ele cria um invólucro frouxo, vigiado, se é que podemos dizer, por uma quantidade de encantamentos que afastam as forças por uma artimanha. Não se trata de um sujeito. Ele não tem nem interioridade, nem consciência, nem vontade. Papai-mamãe, como sabemos desde o *Anti-Édipo*, não o definem ainda. Se ele delira, é com o mundo, com o cosmos, com o *socius* que ele explora por séries de substituição.[26] Nenhuma identidade o designa ainda; nenhum deus o erige em uma pessoa; nenhuma interação o submete a uma prática; nenhuma ligação o sujeita a um direito; nenhuma personagem o habita por meio de uma obra; nenhuma transação vem lhe acrescentar valor. Mas, apesar de tudo, esse invólucro existe, até certo ponto. "Não antissujeito" é tudo o que podemos dizer dele. Ele possui estofo suficiente para não ser possuído, para durar um pouco mais, contanto que se "cuide" dele noite e dia.

Como agora compreendemos, a *invisibilidade* desses pavores não provém de uma ausência de existência. Tampouco da origem extraterrestre, extrassensorial, sobrenatural, metafísica de pretensos espíritos. O que deve poder trocar rapidamente de sentido, transformando-se de repente, pela inversão das relações de força, de bem em mal ou de mal em bem; o que deve passar para outro lugar, sob risco de possessão ou loucura; o que se substitui interruptamente por uma forma e outra, explorando, por livre associação, as combinações do cosmos; o que pode ser desviado pela intervenção de um encantamento astucioso: tudo isso não pode permanecer visível,

---

26 Deleuze e Guattari, *L'Anti-Œdipe.*

SOBRE O CULTO MODERNO DOS DEUSES *FATICHES* 89

continuamente, obstinadamente, contra os "fatos irredutíveis" que servem para outros usos e obedecem a um caderno de encargos muito diferente. Quando dizemos que esses seres são "ocultos", queremos dizer que eles são de *ocultações*, como os faróis: eles aparecem e desaparecem. Longe de ser invisíveis porque sua substância incluiria algum mistério, as transferências de pavores são visíveis ou invisíveis em função de suas condições de satisfação, a qual é absolutamente clara. Dito de outra forma, o mistério não reside nelas, mas na torção que lhes impomos quando aplicamos a esse veículo em particular as condições de satisfação próprias a outros, na maioria das vezes as dos transportes de informação.[27] Intimadas a transportar formas e referências, essas palavras parecem tão pobres quanto os "abracadabras" que exasperam os amantes do exotismo. Os encantamentos, assim como os anjos, são maus mensageiros.[28]

Ao reformular na minha pobre linguagem a travessia desses invisíveis, não afirmo ter compreendido a etnopsiquiatria nem ter feito a sua teoria. Foi somente por mim mesmo, é claro, que me interessei, ou melhor, pelos pobres brancos de cuja antropologia sempre queremos privá-los, encerrando-os no destino moderno do antifetichismo. A consulta recria, no próprio artifício, as condições de laboratório próprias para a detecção dos invisíveis entre nós, na periferia. Ela expõe, sessão após sessão, ações terapêuticas hábeis e objetos bem feitos, que parecem escapar ao discurso, mas cujo discurso, ao contrário, me parece suscetível de uma descrição precisa, contanto que se estabeleça o caderno de encargos das entidades mobilizadas, assim como as condições de satisfação de seu engajamento na ação.[29] Apenas escolhi com cuidado os termos, para que

---

27 É o que chamo, em meu jargão, "duplo clic", em referência ao *mouse* de computador, e que não supõe (ao menos é o que imagino) nenhuma mediação específica para acessar instantaneamente qualquer informação.

28 Latour, Quand les anges deviennent de bien mauvais messagers, *Terrain*, v.14, 1990, p.76-91.

29 Não podemos nos esquecer que a ideia mesma de prática inefável vinhas apenas da ilusão dos epistemólogos sobre o formalismo explícito do discurso

eles possam passar de um lado para outro na antiga Grande Divisão, varrendo um tipo de fenômeno que nem a psicologia – sem objeto – nem a epistemologia – sem sujeito – me parecem capazes de abrigar. Interessam-me somente as questões que essa reformulação permite colocar, agora que dispomos de uma base comparativa mais simétrica e mais vasta: já que têm tanta psicologia quanto os outros, quais são as divindades dos brancos? Quais são os invisíveis indispensáveis à construção provisória e frágil de seus invólucros e de seus quase sujeitos? Como eles fazem para afastar os pavores e transferi-los para outro lugar? Por quais encantamentos? Por quais artimanhas? Por quais dispositivos? Quem são seus curandeiros? Quem são seus etnopsiquiatras?[30]

Como compreender uma ação "excedida pelos acontecimentos"[31]

Por que o pai da Mafalda, no último quadrinho desta tirinha, fica tão apavorado que corta a tesouradas, compulsivamente, todos os cigarros que ainda restavam no maço? Porque Mafalda, a criança

---

científico. Meus colegas e eu aprendemos, à nossa expensa, a dificuldade de exprimir *em palavras* o trabalho das ciências. Mas, exatamente por isso, nenhuma prática é mais fácil ou mais difícil de explicitar do que outra. Sobre o trabalho do formalismo, cf. o ensaio de Bryan Rotman, cujo título por si só é um programa completo, *Ad Infinitum. The Ghost in Touring Machine. Taking God out of Mathematics and Putting the Body Back In.*

30 Se não conseguirmos responder a essas questões, a simetria se quebrará e os brancos ficarão sem fatiche. Se nos lançarmos na pesquisa empírica dos fatiches duplamente fragmentados e astuciosamente remendados, deveríamos poder encontrá-los, por exemplo, nos papéis espantosos desempenhados pelos medicamentos (Pignarre, *Les deux médecines*) ou das drogas (cf. Gomart, Methadone: Six Effects in Search of Substance, op. cit., e mais recentemente Lakoff, *La raison pharmaceutique*). Esse é o interesse do trabalho dos novos sociólogos da medicina, como Mol, *The Body Multiple*, e Thompson, *Making Parents.*

31 Essa seção foi adaptada de Latour, Facture/Fracture. De la notion de réseau á celle d'attachement, in: Micoud; Peroni, *Ce qui nos relie.*

SOBRE O CULTO MODERNO DOS DEUSES *FATICHES* 91

Figura 1.6 – Quino, *Le club de Mafalda* (Grenoble: Glénat, 1986).

infernal, simplesmente usou a forma *passiva* para descrever a inocente distração do pai. "O que você está fazendo, papai?", pergunta no primeiro quadrinho. "Estou fumando um cigarro. Por quê?", responde o pai sem desconfiar de nada. "Ah", diz Mafalda como quem não quer nada. "Achei que era *o cigarro que estava fumando você*. Mas deixa para lá." O pai entra em pânico. Ele achava que era um pai tranquilo, confortavelmente instalado numa poltrona, após um dia duro de trabalho no escritório, mas a filha o viu como um monstro insuportável: um cigarro apropriando-se de um homem para ser fumado, sob uma grande nuvem de partículas de alcatrão e nicotina: o pai como apêndice, instrumento, intermediário do cigarro; o pai como cigarro do cigarro... Não foi preciso mais nada para desencadear a crise: "Juro, eu me proíbo de fumar". Para ter certeza de que obedecerei à promessa, corto em pedacinhos infumáveis o maço inteiro; quebro o ídolo que me escravizou em pedaços tão minúsculos que ele nunca mais poderá me possuir, que eu nunca mais poderei me agarrar a ele, mesmo que o desejo "tome conta de mim".

Divertida, a história da Mafalda é profunda apenas na aparência. Entre o primeiro e o último quadrinho, passamos de um extremo a outro: no início, o pai acredita se entregar a um vício inocente, que ele domina quase que inteiramente; no fim, ele só consegue se soltar das correntes destruindo o cigarro, que o domina tão completamente que a filha pensou ter visto nesse híbrido um cigarro fumando um homem. Nos dois casos, tanto no início como no fim, o leitor continua achando que se pode falar de *domínio*. Da forma ativa – "estou fumando um cigarro" – à forma passiva – "você é fumado pelo cigarro" – nada muda, a não ser a divisão do mestre e do instrumento. O pai passa bruscamente de uma posição para outra: extremamente confortável na primeira imagem; extremamente apavorado na última. E se a questão se referisse à ausência de domínio, sobre a incapacidade das formas ativa e passiva de definir nossos apegos? Como falar adequadamente do que o grego chama de "voz média", uma forma verbal que não é nem ativa nem passiva?[32] Em outras palavras, os fatiches nos autorizam a não levar muito a sério as formas sempre conjuntas dos objetos e dos sujeitos: o que põem em movimento não tem nunca a força de uma causalidade – quer se trate do sujeito mestre, quer do objeto causal; o que é posto em movimento não deixa nunca de transformar a ação – portanto, não origina nem o objeto utensílio nem o sujeito reificado. O pensamento dos fatiches exige alguns minutos para nos habituarmos, mas, passado o momento de surpresa diante de sua forma estrambótica, são as figuras obsoletas do objeto e do sujeito, do fabricante e do fabricado, do agente e do agido, que parecem cada dia mais improváveis.

Não vou tentar "transcender" essas figuras com enfadonhos efeitos dialéticos, mas simplesmente ignorá-las. Vimos claramente nos quadrinhos: ao contrário do que pensa Mafalda no quadrinho do meio, embora o cigarro não "fume" seu pai, ele é capaz, apesar de tudo, e sem sombra de dúvida, de fazer seu pai fumar. Esse "fazer fazer" parece tão difícil de compreender que o pai da Mafalda pensa

---

32 Benveniste, Actif et moyen dans le verbe, in: *Problèmes de linguistique générale*, p.168-75. O termo "médio", evidentemente, é apenas uma racionalização tardia, uma vez que ativo e passivo se tornaram evidências na gramática. Nesse breve e decisivo capítulo, Benveniste apresenta o médio como o ancestral da forma passiva; a mais antiga oposição o distingue da forma ativa: "Pode-se diversificar o jogo das oposições tanto quanto se queria [...], elas voltam sempre a situar as posições do sujeito em relação ao processo, conforme seja exterior ou interior, e a qualificá-lo enquanto agente, conforme efetue, no ativo, ou efetue afetando-se, no médio" (ibid., p.173).

SOBRE O CULTO MODERNO DOS DEUSES *FATICHES* 93

que escapa dele de duas maneiras tradicionais: no princípio, porque se acredita capaz de dominar a sua própria ação – o pai age, o cigarro não faz nada; no fim, porque se acredita inteiramente dominado pelo objeto – o cigarro faz, o pai não faz nada. São dois idiomas – o da liberdade e o da alienação – que me permitem evitar a estranha posição dos "fatiches" capazes de me fazer fazer coisas que ninguém, nem eu nem eles, domina. Como se desintoxicar desta droga: o domínio? Pergunta surpreendente e quase contraditória: como se emancipar da droga pesada da emancipação?

Quem assassina com mais certeza? Aquele que se recusa a libertar o alienado de seus laços mortíferos, uma vez que a liberdade absoluta é um mito, ou aquele que afirma desalienar de vez o sujeito, enfim plenamente autônomo e senhor de si, mas sem lhe dar os *meios* – isto é, as mediações – de se revincular aos que têm condições de fazê-lo fazer alguma coisa? Alguns anos atrás, a resposta seria rápida: os primeiros, incontestavelmente. Hoje confesso sem nenhuma vergonha que titubeio, e minha indignação exige um combate em duas frentes: contra os reacionários e contra os progressistas, contra os antimodernos e contra os modernos.[33] Apenas me interessam e me tranquilizam os que falam em *substituir* um vínculo por outro, e que, quando afirmam desfazer os laços mórbidos, me mostram os novos laços salvadores, sem nunca atrair a atenção para o sujeito senhor de si, agora tornado literalmente *sem objeto*. As palavras libertação, emancipação, deixar fazer, deixar passar,

---

33 A influência de Pierre Legendre (cf., por exemplo, *Leçons I*) explica-se, a meu ver, por uma reviravolta: temos de repente, diante de nossos olhos, esses seres emancipados que todas as gerações precedentes apenas fizeram esperar – ou temer –, mas nunca os libertaram, pois as correntes do passado os mantinham solidamente ligadas. Hoje a experiência é completa: como diz Legendre com a sua violência profética: "Vocês, pais, deram nascimento a mortos vivos". A solução que dá – emprestada mais de Lacan do que do direito romano – infelizmente esquece os apegos para impor aos sujeitos a soberania de um poder definido apenas pelo vazio, fazendo desaparecer ainda mais radicalmente as múltiplas fontes do fazer fazer.

já não devem mais acarretar a adesão automática dos "homens de progresso". Diante da bandeira sempre hasteada da Liberdade guiando o povo, convém selecionar com atenção *dentre as próprias coisas vinculantes* as que proporcionam laços bons e duráveis. Os defensores dos fatiches – os defendidos pelos fatiches, os permitidos pelos fatiches – se recusarão a associar, por um reflexo pavloviano, a emancipação com o sumo bem: todo ideal de liberdade se desenvolverá agora sob a condição de verificação.

Apesar do gesto iconoclasta, o pai da Mafalda, "desconstruindo" o maço de cigarros, não alcançará a autonomia. Ele apenas passa da extrema inocência ao extremo pânico em quatro etapas: acredita-se livre; torna-se escravo aos olhos da filha; entra em pânico; liberta-se rompendo as suas correntes. Ora, ele só passou de uma crença em sua liberdade – com o cigarro – para uma outra crença em sua liberdade – sem o cigarro. Como ele deveria ter reagido à crítica da peste da Mafalda, se tivesse vivido à sombra dos fatiches? Compreendendo a forma passiva "você é fumado pelo cigarro" como uma aproximação exata da voz média do grego: "Sim, Mafalda", deveria ter respondido: "Sou dominado pelo cigarro, que me faz fumar, mas não há nada nisso que se pareça, para o cigarro ou para mim, com uma ação determinante; eu não controlo o cigarro, do mesmo modo que ele não me controla; eu sou apegado a ele e, se não posso sonhar com uma emancipação, talvez outros apegos substituam esse, desde que eu não entre em pânico e você não me imponha, como boa socióloga crítica que é, um ideal de desapego que certamente me levaria à morte...".[34] Podemos substituir um apego por outro, mas não podemos passar do apegado ao *desapegado*. É isso que um pai deveria dizer à filha! Para compreender o desencadear

---

34 A grande força da noção de *affordance* (promissão) é permitir, na psicologia, a manifestação da voz média. Cf. Gibson, *The Ecological Approach to Visual Perception*. Cf. também o trabalho de Laurent Thévenot sobre as formas de ação comuns: Le régime de familiarité. Des choses en personne, *Genèses*, v.17, 1994, p.72-101.

SOBRE O CULTO MODERNO DOS DEUSES *FATICHES*   **95**

do movimento nos sujeitos, suas emoções, suas paixões, devemos nos voltar para *o que* os prende e os põe em movimento.[35]

Esse abandono nos permite reapresentar a questão da liberdade, emprestando dos iconoclastas um tema que eles utilizaram mal e do qual não há razão nenhuma para que tenham o gozo exclusivo. O mesmo *slogan* "viver sem mestre" designa dois projetos inteiramente diferentes, conforme vivemos à sombra dos fatiches ou divididos entre os objetos e os sujeitos. Liberdade consiste em vivermos sem mestre ou *sem domínio*? Os dois projetos são tão distintos quanto o fazer e o fazer fazer. Um significa confundir a passagem de um mestre para outro mestre com a passagem do apego para o desapego. Por trás do desejo de emancipação – "nem Deus nem mestre!" – há o desejo de substituir um mau mestre por um bom mestre; na maioria das vezes, o objetivo é substituir, segundo Pierre Legendre, a opressiva instituição do Soberano pela não menos opressiva instituição do "rei eu". Mesmo se aceitamos compreender a liberdade não mais como um desligamento definitivo, mas como uma substituição, ela ainda consiste em substituir um domínio por outro. Mas quando podemos nos desfazer do próprio ideal de domínio? Quando começaremos finalmente a saborear os frutos da liberdade, isto é, a viver sem mestre e, em particular, sem reis eu? Esse é o segundo projeto que dá sentido totalmente diferente ao mesmo *slogan*. A liberdade como exercício de comando *no lugar* de outro comandante foi confundida com a liberdade como vida *sem* comando nenhum. Graças

---

35 Na lista de Benveniste dos verbos que estão sempre na voz média figura "falar" (*phàto, loquor*), coisa estranha se pensarmos que há aqui uma definição de enunciação muito diferente daquela de uma relação entre língua e fala; também encontramos nessa lista, e isso é bastante interessante, além dos famosos "nascer" e "morrer", o verbo "seguir, acompanhar um movimento" (*sequor*), que dá origem a toda a família das palavras que serviram para formar a linguagem "social". Também encontramos "experimentar uma agitação mental" e "tomar medidas" (Benveniste, op. cit., p.172). Em resumo, toda a antropologia de base parece exigir a voz média e ignorar tanto o ativo quanto o passivo, este surgido tardiamente.

aos fatiches, a expressão da liberdade retoma a estrada que o ideal de emancipação e desapego transformara em impasse: a liberdade se torna o direito de não ser privado dos laços que fazem existir, laços vazios de todo ideal de determinação, de toda teologia da criação *ex nihilo*. Se é exato que devemos substituir a antiga oposição entre apegado e desapegado por uma substituição dos maus apegos pelos bons apegos, a impressão de asfixia que essa primeira ideia podia dar muda completamente, se a completamos com a segunda ideia, a da libertação de todo domínio: *em todos os pontos* da rede de apego o nó é um fazer fazer, não um fazer ou um fato. Esse é ao menos o novo projeto de emancipação, tão vigoroso quanto o antigo e muito mais crível, já que nos obriga a não mais confundir *viver sem domínio e viver sem apego*.

Isso nos permite tornar as culturas do passado e distantes menos profundamente incompreensíveis. Com as noções opostas de determinação e liberdade, heteronomia e autonomia, como seria possível compreender formas de existência que muito simplesmente confessam não poder viver sem estar continuamente ligadas a certas divindades ou certos bens?[36] A noção de fetiche ou fetichismo vem precisamente do choque entre os que utilizam os termos necessidade e liberdade e os que se sabem escorados por seres numerosos que os fazem viver.[37] Diante da acusação, feita por Mafalda, de ser totalmente dominado por seu fetiche, o pai não tem outra solução

---

36 A questão do apego dos bens não é mais facilmente resolvida que a questão das divindades, e a noção-chave de externalidade não é suficiente para dar um fecho à discussão, apesar da pretensão de concluí-la. Cf. Callon (dir.), *The Laws of the Market*, e Callon e Latour, "Tu ne calculeras pas" ou comment symétriser le don et le capital, *Nouvelle Revue du Mauss*, v.9, 1997, p.45-70. Os argumentos sobre a liberdade de escolha ou a organização do mercado utilizam exatamente as mesmas teorias da inação que são utilizadas nas ciências sociais.

37 Além do resumo de Pietz (*Le fétiche, généalogie d'un problème*), cf. a assombrosa análise de Schaffer, Golden Means: Assay Instruments and the Geography of Precision in the Guinea Trade, in: Bourguet; Licoppe; *Sibum, Instruments, Travel and Science*, sobre o vínculo entre a história da medida científica do ouro e a acusação de fetichismo.

SOBRE O CULTO MODERNO DOS DEUSES *FATICHES* **97**

a não ser quebrar fanaticamente seu ídolo para ter certeza de não cair novamente no apego fatal. Sua reação frenética prova que ele é moderno, mas não pressagia nada de bom sobre a sua aptidão a compreender os laços que o fazem viver e sua filha. Há uma grande discussão para saber o que querem dizer os vagos termos Ocidente e Modernidade. Podemos defini-los de maneira bastante simples: aquele que quebrou seus fatiches *vê nos Outros seres bizarramente apegados* monstros tão enviscados em suas crenças e em sua passividade quanto o pai de Mafalda visto por Mafalda.[38] Mas é a filha que não compreende o pai, é o Ocidental que não compreende o Outro, que foi tornado exótico por contraste com um ideal de desapego que o mataria com toda a certeza – se ao menos ele fosse suficientemente louco para aplicá-lo realmente. Incapaz de ver nele os apegos que o fazem agir, o que se crê, exatamente por isso, Ocidental, imagina que os Outros não o são e que, por consequência, são totalmente "Outros", quando na verdade eles diferem apenas por *aquilo* que os faz apegar-se. Em vez de uma grande divisão entre Eles e Nós, entre desapegado e enviscado, convém introduzir mais uma vez pequenas divisões entre os que são apegados por *tais* seres e os que o são por *tais* outros seres. A natureza particular das transferências de agente faz toda a diferença, e não a espantosa pretensão de escapar de toda forma de dominação pelos fatos e pelos fetiches, pela racionalidade e pela irracionalidade. Cada um recebe a alteridade dos apegos e não da diferença radical entre os libertados e os alienados, os deslocalizados e os enraizados, os móveis e os fixos.[39]

---

38 O mesmo vale para esse exotismo "interno", que foi inventado pelo pensamento crítico, em particular pela escola de Frankfurt, e que transformou as culturas europeias e americana em uma massa manipulada e igualmente apegada... O pensamento crítico interpreta no interior o mesmo papel de exotização da alteridade que o pensamento dos fetiches interpreta no exterior. Edward Saïd descreveu muito bem o orientalismo – quem descreverá o ocidentalismo dos brancos visto pelos pensadores críticos?

39 Sobre a questão da grande divisão e a revisão das categorias de cultura, uma vez excluída a hipótese da natureza, cf. Descola, *Par-delà nature et société*.

Se chamamos de política a constituição progressiva de um mundo comum, é bastante difícil, como facilmente se compreenderá, imaginar uma vida comum começando com a exigência de que todos os que aspiram a fazer parte dele deixem do lado de fora, no vestíbulo, os pertencimentos e os apegos que os fazem existir. Os ocidentais, mestres de cerimônia, abstêm-se cuidadosamente de aplicar a si mesmos a regra de abstenção e desapego que aplicam aos "Outros". Seus apegos são simplesmente *intimados* pelos dois grandes coletores ou acumuladores de sua própria tradição: a Natureza e a Sociedade, o reino da necessidade e o da liberdade. O uso da palavra "globalização" permite fazer crer que o mundo comum será necessariamente a extensão, sob uma forma ou outra, de um ou outro desses reinos. Segundo a opinião das forças convidantes, não há motivo para discutir o quadro global da discussão. Trata-se de mais uma globobagem. Nada prova que o mundo comum, objeto da política e do que Isabelle Stengers chama de "cosmopolítica",[40] tenha semelhança com a globalização. Tudo prova, ao contrário, que os dois acumuladores – a determinação causal da Natureza e a arbitragem arbitrária do Soberano – não são mais suficientes para encerrar as controvérsias a respeito da constituição progressiva do mundo comum. Em um mundo que não vai mais da alienação à emancipação, mas do intricado ao mais intricado, que não vai mais do pré-moderno ao moderno, mas do moderno ao não moderno, a repartição tradicional das determinações e das liberações não servem mais para definir uma "globalização" cuja dificuldade desafia, por enquanto, o entendimento político.[41] Apesar da reação automática do pai de Mafalda, não se trata mais de passar bruscamente da escravidão à liberdade, reduzindo os ídolos a pó, mas de selecionar dentre os apegos os que salvam e os que matam.

---

40 Stengers, Cosmopolitiques.

41 É o esforço de *Políticas da natureza*: definir um coletivo capaz de coletar o mundo comum sem recorrer aos dois intimadores tradicionais, a Natureza e a Sociedade, bicameralismo que se tornou inadaptado à situação atual.

Conclusão

No decorrer desta reflexão, propus três acepções diferentes para o "culto moderno dos deuses fatiches". Como é de costume no pensamento crítico, utilizei inicialmente o sentido pejorativo das palavras "fetiche" e "culto". Os modernos não aparecem mais sem fetiche nem sem culto, como imaginam – seja para se vangloriarem, seja para se desesperarem. Eles têm um culto, o mais estranho de todos: eles negam às coisas que eles próprios fabricam *a autonomia que eles conferem a elas* ou negam aos que as fabricam *a autonomia que elas lhes conferem*. Eles afirmam não ser excedidos pelos acontecimentos. Querem manter o domínio, e encontrar a sua fonte no sujeito humano, origem da ação.[42] Ou então, por uma alternância brutal com a qual estamos agora familiarizados, os modernos, despeitados por não poder explicar a ação pelo trabalho humano, querem matar o sujeito-fonte, afogando-o nos idiomas, na genética, nos textos, nos campos, nos inconscientes, nas causalidades diversas. "Se o sujeito não tem o total domínio e a liberdade reivindicados pelo sujeito sartriano, então ninguém os terá!", exclamam os modernos com furor. E sobre o amontoado de ídolos destruídos, eles lançam o homem. Em seguida, os responsáveis pela restauração irão ao depósito de lixo para improvisar um "sujeito de direito". O existencialismo, o estruturalismo, os direitos do homem: avatares sucessivos do culto dos fetiches, dos que se creem muito espertos porque se creem livres para sempre dos fetiches, das crenças e da ingenuidade, embora ninguém jamais tenha acreditado ingenuamente nos fetiches – nem mesmo eles!

---

42 Encontraremos em Jullien, *A propensão das coisas*, uma teoria da ação, na China, que também não coincide com a teoria dos ocidentais, porque ignora tanto a imanência como a transcendência, o sujeito como o objeto. Parece que os chineses - na interpretação de Julien – fornecem uma linguagem à prática da qual os brancos nunca se desfizeram, mas sua filosofia, por razões políticas interessantes, frequentemente desejou renegar.

Tomei em seguida a expressão em um segundo sentido, que dava força e valor tanto à palavra fatiche como à palavra culto. A hipótese é muito mais simples e os modernos nunca a abandonaram. Aquele que age não tem o domínio daquilo que ele faz; outros passam à ação, que os excede. Nada, no entanto, que autorize afogar o sujeito no mar do desespero. Não existe em lugar nenhum um ácido capaz de dissolver o sujeito. Este último recebe autonomia ao conceder a autonomia que não possui aos seres que advêm graças a ele. Ele aprende a mediação. *Ele provém dos fatiches*. Ele morreria sem eles. Se a expressão parece difícil, que seja comparada à aparelhagem inverossímil, com todas as suas rodas, engrenagens, contradições, *feedbacks*, reparos, epiciclos, dialéticas e contorções desses marionetes-marionetistas, enredados em seus fios, às vezes visíveis e invisíveis, mergulhando na crença, na consciência pesada, na má-fé, na virtualidade e na *illusio*... Ao querer fazer mais simples do que os fatiches, os modernos fizeram mais complicado. Ao querer fazer mais luminoso, fizeram mais obscuro. Quem quer fazer o anjo faz o homem.

Figura 1.7 – A situação oficial: a distinção Saber e Crença consegue separar os fatos e os fetiches porque em ambos os casos separa a fabricação – negativa – de seu resultado positivo e considera, nos fetiches, apenas o retângulo superior e, para os fatos, apenas o retângulo inferior.

SOBRE O CULTO MODERNO DOS DEUSES *FATICHES*   101

	Fatos	**Fetiches**
Porque são fabricados...	Quando os fatos são realmente fatos...	Quando os fetiches são realmente fabricados...
... eles têm uma realidade autônoma	... então os fatos são verdadeiros e autônomos	... então eles são poderosos e autônomos

Fatiches

Figura 1.8 – Na situação oficiosa, a fabricação não é mais negada e a questão é a boa ou a má fabricação, tanto pelos fatos como pelos fetiches.

Sim, os modernos devem prestar culto explícito aos fatiches, às mediações, às passagens, já que nunca tiveram o domínio do que fazem, e é bom que seja assim. A imagem da marionete vem a propósito, contanto que nos indaguemos um pouco sobre o marionetista.[43] Ele nos dirá, como todo mundo, como todo criador e manipulador, que suas marionetes ditam o seu comportamento, que o fazem agir, que se exprimem por meio deles, e que ele não conseguiria nem manipulá-las nem automatizá-las. E, no entanto, ele as mantém, domina e controla. Ele confessará, com toda a franqueza, que é ligeiramente excedido por aquilo que ele controla. Mas suponhamos agora que um marionetista de segunda categoria venha manipular o nosso artista. Não faltarão candidatos: o texto, a língua, o espírito do tempo, o *habitus*, a sociedade, os paradigmas, as epistemes, os estilos, qualquer agente fará o trabalho para controlar o nosso marionetista como ele controla as suas marionetes. Mas,

---

43 Sem esquecer a etimologia, que nos lembra muito oportunamente que se trata aqui de uma fórmula afetuosa para designar as *"marioles"*, "as pequenas imagens de Maria", as virgens mediadoras por excelência.

justamente, esses agentes, por mais poderosos que os façamos, serão transcendidos pelo marionetista, como este é transcendido por suas marionetes. Jamais faremos melhor do que isso; jamais o teremos sob controle. Em vez de uma cadeia causal que transmitiria uma força, que atualizaria um potencial, que realizaria uma possibilidade, obteremos apenas sucessões de ligeiras transcendências. Sim, *acontecimentos*, outro nome do fatiche e do culto que lhe é devido.

Mas voltemos ao início da cadeia; suponhamos um manipulador de fios que enfim seja mestre, enfim seja criador, um ser todo-poderoso, um Deus à moda antiga, onisciente, onipotente. Isso não mudaria nada. Ele não poderia fazer mais do que isso. Criatura entre as criaturas, ele também seria *ligeiramente* transcendido pelo que faz, aprendendo com o que fabrica no que ele consiste, conquistando sua autonomia no contato com suas criaturas, como todos nós conquistamos nossa existência, ao descobrir, nos encontros com outras entidades, aquilo que não sabíamos sermos capazes no minuto anterior. Por trás da pompa e das obras do antifetichismo, esconde-se uma teologia da criação, lamentável, ímpia. Imaginamos um Deus criador que não seria transcendido pelo que faz e dominaria suas criaturas! Mesmo quando negamos sua existência – e sobretudo quando a negamos – é, contudo, esse modelo de ação que gostaríamos de usurpar para o homem. O construtivismo social é o criacionismo do pobre.[44] Mas não há mais criação por um Deus-fonte, assim como não há mais construção por um homem-fonte. Querendo aviltar o orgulho do homem construtor pelo grosso fio do Deus criador, os clérigos se enganam tanto quanto os libertos que afirmam cortar todos os laços e dominar o que fabricam, abaixo de si próprios, sem nenhum mestre acima deles. O quê? Um engenheiro dominaria sua máquina? Pasteur, o seu fermento de ácido lático? Um programador, o seu programa? Uma criatura, a sua criação?

---

44 Por isso a crítica do construtivismo não vai muito longe, se não vai a fundo na teoria da ação da qual provém, como mostram claramente os esforços frustrados de Hacking, *Entre science et réalité*.

SOBRE O CULTO MODERNO DOS DEUSES *FATICHES* **103**

Um autor, o seu texto? Um escultor, a sua estátua de Júpiter? Mas é preciso jamais ter agido para pensar uma coisa dessas, para proferir tais sacrilégios! É porque Deus é uma criatura e nossas criações possuem em relação a nós tanta autonomia quanto possuímos em relação a ele que podemos reutilizar, sem mentira, tanto as palavras de construção quanto as de criação.[45] Se durante tanto tempo tivemos necessidade da complicada aparelhagem do determinismo, da liberdade e da graça, é, talvez, por não termos compreendido os fatiches. "Nem Deus, nem senhor" deveria servir de *slogan* somente para os anarquistas. Esse *slogan* deveria ser escrito no pedestal das estátuas invisíveis, destruídas e restauradas, que permitem a ação sob todos os aspectos. Se existem acontecimentos, ninguém é senhor e muito menos Deus deles.

"Devemos autorizar a importação dos djinns?",[46] indagava-se Tobie Nathan, e esse é o terceiro e último sentido que dei ao meu título. Os imigrantes passeiam com as suas divindades na periferia e até mesmo no centro de Paris, mas o culto de seus deuses fatiches é bem moderno, já que eles são ao mesmo tempo desenraizados e reenraizados. Em todo caso, esse culto não se parece em nada com os cultos do passado. No entanto, os imigrantes reconfiguraram para nós a sabedoria da passagem, obstinando-se em não acreditar em seus deuses, enquanto nós nos obstinávamos em acreditar que eles adoravam ingenuamente a matéria bruta e nós mesmos tínhamos

---

45 São raras as descobertas na teologia; no entanto, a do deus criador por Whitehead é uma delas. Na verdade, ele descobre menos do que compreende, por outra linguagem, o que todo mundo já havia compreendido, mas de outra forma: o deus de Whitehead é *encarnado*. "Todas as entidades atuais dividem com Deus a característica de ser causa de si. Por essa razão, cada entidade atual divide também com Deus a característica de transcender todas as outras entidades atuais, inclusive Deus" (Whitehead, *Procès et réalité*, p.358). Acreditar que Deus, por conseguinte, vai se dissipar nas criaturas é repetir o mesmo erro. As criaturas não são imanentes. Mediações, acontecimentos, passagens e fatiches não servem nem para dissipar nem para dissolver, mas para produzir. Elas surgem. E distinguem-se.

46 Espírito do ar, gênio ou demônio nas crenças árabes. (N. T.)

nos livrado da crença para penetrar no saber. A etnopsiquiatria talvez cuide deles, e é melhor assim; não julgarei. Mas, em todo caso, os imigrantes *nos* curam, e pude testemunhar isso. Eles conservam entidades em estados múltiplos, sem exigir delas que durem obstinadamente ou provenham da nossa psicologia. Eles desfiam para nós a diferença entre fabricação e realidade, domínio e criação, construtivismo e realismo. Eles passam tagarelando onde só poderíamos passar com meia-palavra. Eles nos permitem compreender com mais exatidão nossas ciências e nossas técnicas, essas fabricações que poderíamos crer que eles as ignoravam ou que elas os dominavam. Devo confessar? Vejo mais acerto em meu fermento de ácido lático se o esclareço à luz das divindades do candomblé. No mundo comum da antropologia comparada, os esclarecimentos se cruzam. Como diz Whitehead, as diferenças não existem para serem respeitadas, ignoradas ou subsumidas, mas para servir de isca aos sentimentos, de alimento ao pensamento. *"Lures for feelings, food for thought"*.[47]

---

47 Em inglês no original. "Iscas para sentimentos, alimento para o pensamento". (N. T.)

ICONOCLASH[1]

---

1 Latour, *Iconoclash. Au-delà de la guerre des images*. Traduzido do original em inglês por Aude Tincelin. Publicado em inglês sob o título "What is Iconoclash? or, Is There a World beyond the Image-Wars?". In: Latour; Weibel, *Iconoclash, Beyond the Image-Wars in Science, Religion and Art*.
Tradução para o português: Rachel Meneguello.

Figura 2.1 – *O Sudário*, um filme de Alberto Giglio.[2]

Um típico iconoclash

Essa imagem foi extraída de um vídeo. O que significa? *Hooligans* vestidos de vermelho, armados com capacetes e machados, estilhaçam a vitrine blindada que protege uma preciosa obra de arte. Eles batem furiosamente no vidro, que se espalha em estilhaços,

---

2 VHS a cores, ago. 2000.

ao passo que, em reação a esse gesto, gritos de horror ecoam, vindos de uma multidão que, mesmo furiosa, permanece impotente para impedir a pilhagem. Mais um caso de vandalismo registrado por uma câmera de vigilância? Não. Corajosos bombeiros italianos arriscando a vida, alguns anos atrás, na catedral de Turim, para salvar o valioso Sudário de um incêndio devastador que provoca gritos de horror em uma multidão aterrorizada. Equipados com uniformes vermelhos e capacetes de proteção, eles tentam quebrar a machadadas a espessa caixa de vidro blindado, construída em volta do Santo Sudário para protegê-lo – dessa vez não há vandalismo, mas a paixão louca dos adoradores e dos peregrinos, que não teriam recuado diante de nada para fazê-lo em pedaços em busca de inestimáveis relíquias. Estranho paradoxo: a caixa é tão bem protegida dos adoradores que não pode ser protegida do incêndio, sem esse gesto *aparentemente* violento de quebrar o vidro... O icono*clasmo* é quando sabemos o que significa esse gesto de destruição e quais são as motivações daquilo que, claramente, aparece como um projeto de destruição; ao contrário, o icono*clash* ou icono*crise* é quando não se sabe, quando se hesita, quando se fica incomodado por uma ação que é impossível saber, sem indicações adicionais, se é destrutiva ou construtiva. Esta exposição fala do icono*clash*, não do icono*clasmo*.

Por que as imagens provocam tanta paixão?

"Freud tinha toda razão em insistir no fato de que estamos lidando, no Egito, com a primeira religião monoteísta que a história da humanidade conheceu. É aqui que, pela primeira vez, se operou a *distinção* [feita por Aquenáton] que atraiu contra ela o ódio dos excluídos. *Desde então o ódio existe no mundo*, e o único meio de superá-lo é voltar às suas origens."[3] Nenhuma citação resume mais

---

3 Assmann, *Moïse l'Égyptien*, p.283.

corretamente o objetivo do *Iconoclash*.[4] O que propomos nesta exposição e neste catálogo é uma arqueologia do ódio e do fanatismo.[5]

Por quê? Porque escavamos em busca das fontes de uma distinção absoluta – e não relativa – entre o verdadeiro e o falso, entre um mundo puro, inteiramente esvaziado de todo intermediário de origem humana, e um mundo repugnante, composto de mediadores de origem humana, impuros e, no entanto, fascinantes. "Se apenas", dizem alguns, "nós pudéssemos ficar *sem* as imagens. Quão superior, mais puro, mais rápido seria o nosso acesso a Deus, à Natureza, à Verdade, à Ciência." Ao que outras vozes respondem (às vezes, as mesmas): "Infelizmente (ou felizmente), não podemos ficar *sem* as imagens, sem os intermediários, sem os mediadores de todos os tipos e de todas as formas, porque eles são o nosso único acesso a Deus, à Natureza, à Verdade e à Ciência". É esse dilema que queremos documentar, compreender, ou mesmo rejeitar. No fascinante resumo que Marie-José Mondzain oferece da querela bizantina da imagem: "A verdade é a imagem, mas não há imagem da verdade".[6]

O que ocorreu que fez das imagens (e, por imagem, entendemos todo signo, obra de arte, inscrição ou pintura que sirva de mediação para acessar uma outra coisa) objeto de tanta paixão? A ponto de a sua destruição, o seu desaparecimento, a sua degradação poderem ser considerados a pedra de toque definitiva da legitimidade de uma fé, de uma ciência, de uma perspicácia crítica, de uma criatividade artística? A ponto de o fato de ser iconoclasta aparecer, nos círculos intelectuais, como o mais alto mérito, como a maior devoção?

Por outro lado, como se explica que esses destruidores de imagens, esses "teoclastas", iconoclastas, "ideoclastas", tenham gerado

---

4 Como curador da exposição, tenho naturalmente o privilégio de falar em primeiro lugar, introduzindo um imenso catálogo em que as vozes são perfeitamente dissonantes.

5 Sobre a genealogia dos fanáticos e outros *Schwärmer*, cf. o relato de Colas, *Le glaive et le fléau*; e Christin, *Une révolution symbolique*.

6 Cf. seu capítulo neste catálogo, e Mondzain, *Image, icône, économie*.

uma quantidade tão fabulosa de imagens novas, de ícones reanimados, de mediadores revigorados: um fluxo midiático muito maior, *ideias* mais poderosas, *ídolos* mais fortes? Como se a desfiguração de um objeto gerasse imediatamente novas figuras, como se a desfiguração e a "refiguração" fossem necessariamente contemporâneas.[7] Mesmo depois de ser danificada pela Guarda Vermelha durante a Revolução Cultural, a minúscula cabeça de Buda que Pema Konchok oferece para a nossa meditação acaba assumindo uma nova face, sarcástica, servil e dolorosa...

Figura 2.2 – Cabeça de Buda quebrada durante a Revolução Cultural no Tibete.[8]

---

7 Muitos séculos após ter queimado livros e destruído estátuas da Igreja católica, Farel, o iconoclasta de Neuchâtel, foi homenageado com uma estátua erguida diante da igreja hoje vazia. Cf. a imagem e o texto de Léchot no catálogo da exposição. Os exemplos mais chocantes de substituição de um ídolo por um ícone (ou, segundo o ponto de vista, de um ídolo por outro) são descritos por Guzinski, *La colonisation de l'imaginaire*, quando, durante a conquista espanhola do México, sacerdotes pediram aos sacerdotes conquistados para vigiar as estátuas da Virgem Maria no mesmo lugar onde os "ídolos" jaziam estilhaçados.
8 Coleção particular. Foto de Éric Daviron, ZKM Archives.

ICONOCLASH 111

E o que permite explicar por que, depois de cada icono*crise*, tomamos um cuidado infinito para restaurar as estátuas destruídas, salvar os fragmentos e proteger os destroços? Como se fosse sempre necessário nos desculpar pela destruição de tanta beleza, por todo esse horror; como se ficássemos subitamente incertos do papel e da razão da destruição que até então parecia tão urgente, tão indispensável; como se o destruidor compreendesse subitamente que alguma coisa *além* foi destruída por equívoco, qualquer coisa pela qual, a partir de agora, esperamos reparação. O museu não é o templo onde se realizam os sacrifícios de arrependimento por tanta destruição, como se, de repente, quiséssemos parar de destruir e começássemos o culto ilimitado da preservação, da proteção e da reparação?

É o que esta exposição tenta fazer: esse cafarnaum de objetos heterogêneos, juntados, quebrados, restaurados, remendados, redescritos, oferece aos visitantes uma meditação sobre um conjunto de questões:

- por que as imagens atraem tanto ódio?
- por que elas sempre voltam, qualquer que seja a força com que busquemos nos libertar delas?
- por que os martelos dos iconoclastas sempre tendem a golpear *transversalmente*, destruindo alguma coisa *além* que, após o golpe, se revela de extrema importância?
- como é possível ir *além* desse ciclo de fascinação, repulsa, destruição e expiação provocado pelo culto da imagem proibida?

Uma exposição *sobre* o iconoclasmo

Contrariamente a muitas outras iniciativas similares, esta não é uma exposição iconoclasta, mas *sobre* o iconoclasmo.[9] Ela se esforça

---

9 Cf., entre outras, as exposições de Berna e Estrasburgo em 2001: Dupeux et al. (dir.), *Iconoclash, vie et mort de l'image médiévale*. A exposição de Berna foi inteiramente concebida em homenagem aos corajosos protestantes

para *suspender* a sede de destruição das imagens; exige que paremos um instante, que deixemos o martelo de lado. Roga para que um anjo contenha o nosso braço sacrificial, armado de uma faca sacrificial, pronta para cortar a garganta do cordeiro sacrificial. Tenta voltar, envolver, selar o culto da destruição das imagens; dar a ele um lar, um lugar, um espaço de museu, um local de meditação e surpresa. Em vez de um iconoclasmo entendido como metalinguagem, reinando como mestre sobre todas as outras linguagens, é o próprio culto do iconoclasmo que é, por sua vez, interrogado e avaliado. De *recurso*, o iconoclasmo se torna *objeto de estudo*. Segundo os termos propostos pelo título de Miguel Tamen, desejamos que os visitantes e os leitores se tornem "amigos dos objetos interpretáveis".[10]

Em certo sentido, esta exposição busca documentar, expor, fazer a antologia de um certo gesto, um certo movimento da *mão*. O que significa o fato de dizer que tal meditação, tal inscrição é *feita pela mão do homem?*

Como mostraram bem os historiadores da arte e os teólogos, muitos dos ícones sagrados, celebrados e adorados são considerados *acheiropoieta* – ou seja, *não* feitos pela mão do homem. As imagens de Cristo, os retratos da Virgem, o véu de Verônica, são muitos os exemplos de ícones caídos do céu, sem outro intermediário. Mostrar que um modesto pintor humano os fabricou equivaleria a diminuir sua força, a manchar sua origem, a profaná-los. Assim, *associar a*

---

destruidores de ícones que libertaram a cidade do poder da imagem católica, em nome do simbolismo superior da cruz... e encerrava-se com um diorama em que figuras de cera fundiam inúteis cálices e relicários para transformá--los em úteis peças suíças de ouro! Mas, em um caso extremo de iconoclash, a última sala mostrava vestígios de estátuas quebradas, ídolos católicos repulsivos, milagrosamente metamorfoseados, quatro séculos mais tarde, em preciosas obras de arte piamente preservadas! Nenhuma indicação fora dada ao visitante quanto a um possível icono*clash*... Podemos encontrar a mesma "devoção iconoclasta" na exposição de Régis Michel no Louvre, intitulada *La peinture comme crime.*

10 Tamen, *Friends of Interpretable Objets.*

mão às imagens equivale a deteriorá-las, criticá-las. Isso vale para a religião em geral. Dizer que ela é feita pela mão do homem é usualmente abolir a transcendência das divindades, é abandonar toda a pretensão de salvação pelo além.

De maneira mais geral, o espírito crítico é aquele que mostra as *mãos* do homem por toda a obra, a fim de demolir a santidade da religião, a crença nos fetiches, o culto da transcendência, os ícones enviados pelos céus, a força das ideologias. Quanto mais vemos que a mão humana trabalhou em tal imagem, mais diminui a pretensão dessa imagem em transmitir a verdade. Desde a Antiguidade, as críticas não cessaram de denunciar as intenções tortuosas daqueles que buscam fazer crer que os outros acreditam em fetiches quiméricos. Para revelar a falsidade, o artifício é sempre mostrar a origem modesta da obra, o manipulador, o autor da falsificação, o impostor por trás da cena, pego em flagrante.

Isso também vale para a ciência. Para ela, da mesma forma, a objetividade é uma suposta *acheiropoieta*, não feita pelas mãos humanas. Mostrar a mão que trabalha dentro da fábrica humana da ciência é arriscar ser acusado de macular a santidade da objetividade, destruir a transcendência, proibir toda a pretensão à verdade, reduzir a cinzas a única fonte de luz que se pode ter. Consideramos iconoclastas aqueles que falam dos homens que trabalham – cientistas em seus laboratórios – atrás ou sob as imagens que conduzem a objetividade científica. Aqui está o paradoxo: venerar as imagens que permitem aos cientistas acessar a verdade seria a mesma coisa que querer destruir a verdade científica. Aparentemente, o único meio de defender a ciência contra a acusação de fabricação e lhe evitar a etiqueta de "socialmente construída" é sustentar que nenhuma mão humana jamais tocou a imagem produzida pela ciência.[11] Assim, nos dois casos, da ciência e da religião, quando se mostra a mão em ação, é

---

11 Daston e Galison, The Image of Objectivity, *Representation*, v.40, 2001, p.81-128; e o capítulo de Galison em Jones e Galison (dir.), *Picturing Science, Producing Art*.

114 BRUNO LATOUR

sempre uma mão com um martelo ou uma tocha: sempre uma mão destruidora, crítica.

E se a mão fosse de fato indispensável à apreensão da verdade, à produção da objetividade, à fabricação das divindades? O que aconteceria se o fato de afirmar que tal imagem é feita pela mão do homem *aumentasse*, em vez de diminuir, a sua pretensão à verdade? Isso seria a morte do estado de espírito crítico, o fim do antifetichismo. Ao contrário da exigência crítica, poderíamos afirmar que quanto mais o trabalho humano é mostrado, melhor é a apreensão da realidade, da santidade, da adoração. Que quanto mais se multiplicam as imagens, as mediações, os intermediários, os ícones, mais às claras eles são fabricados, mais são construídos explícita e publicamente, mais são respeitadas as suas capacidades de acolher, reunir e coletar a verdade e a santidade (*religere* é uma das múltiplas etimologias da palavra religião). Como Mick Taussig mostrou de forma tão magnífica, quanto mais revelamos os *artifícios* necessários à convocação dos deuses no curso da iniciação, mais forte é a certeza da presença das divindades.[12] Longe de privar todo o acesso aos seres transcendentes, a revelação do labor humano e de seus artifícios deve consolidar esse acesso.

Podemos, portanto, definir o icono*clash* ou a icono*crise* como aquilo que acontece quando uma *incerteza* persiste com relação ao papel exato da mão que trabalha na produção do mediador. É a mão com um martelo, pronta a expor, denunciar, desacreditar, manifestar, desapontar, desencantar, dissipar as ilusões, desmascarar? Ou, ao contrário, é a mão prudente e cuidadosa, com a palma virada como que para pegar, elucidar, extrair, acolher, gerar, receber, manter, reunir a verdade e a santidade?

Por conseguinte, é impossível obedecer ao segundo mandamento: "Não farás imagem esculpida nem qualquer representação das coisas que estão acima nos céus, ou que estão embaixo na terra,

---

12 Taussig, *Defacement, Public Secrecy and the Labor of the Negative*.

ou que estão sob as águas mais baixo do que a terra". É inútil tentar evitar a tensão e a intenção desta exposição tal qual a pensamos durante quatro anos: ela atinge o segundo mandamento. Estamos certos de ter compreendido corretamente? Não cometemos um grande e terrível erro quanto à sua significação? Como podemos conciliar a exigência de uma sociedade, de uma ciência e de uma religião totalmente anicônicas com a fabulosa proliferação de imagens que caracteriza as nossas culturas midiáticas?

Se as imagens são tão perigosas, por que temos tantas? Se são inocentes, por que provocam tantas paixões e tão duradouras? Esse é o enigma, a incerteza, o quebra-cabeças visual, o icono*clash* que desejamos expor aos olhos do visitante e do leitor.

Religião, ciência e arte: três diferentes modelos de fabricação da imagem

A experiência, ou melhor, a "exposição de pensamento" que imaginamos consiste em reunir três fontes de icono*clashes*: a religião, a ciência e a arte contemporânea. Queremos situar as múltiplas obras, os lugares, acontecimentos e exemplos apresentados neste catálogo e nesta exposição, no centro da tensão criada por essa configuração triangular.

Mesmo que *Iconoclash* reúna muitos materiais religiosos, não é para dar sequência a uma peregrinação devota; mesmo que apresente numerosos registros científicos, não é um museu de ciências com objetivos pedagógicos; mesmo que reúna numerosas obras de arte, não é uma exposição artística. Não é porque cada um de nós – visitante, curador ou leitor – abriga um modelo diferente de crença, furor, entusiasmo, admiração, desconfiança, fascinação, suspeita e rancor por *cada um desses três* tipos de imagens, que nós os levamos a relacionar-se uns com os outros. O que nos interessa é o modelo ainda mais complexo criado por suas *interferências*.

Ícones e ídolos

Mas por que introduzir tantos ícones religiosos nesta exposição? Eles não foram esvaziados pelo julgamento estético, absorvidos pela história da arte, banalizados pela devoção convencional? Eles não estão mortos para sempre? No entanto, basta lembrar as reações à destruição dos budas de Bamiyan no Afeganistão pelos talibãs para compreender que as imagens religiosas são aquelas que provocam as mais violentas paixões.[13] Desde o "teoclasta" de Aquenáton, destruir mosteiros, igrejas e mesquitas, fazer enormes fogueiras de fetiches e ídolos continua sendo a ocupação cotidiana das massas mundo afora, exatamente como no tempo que Jan Assmann denomina a "distinção mosaica".[14] "Derrubareis seus altares, quebrareis suas colunas e demolireis suas estacas sagradas" (Êxodo 34,13). Queimar os ídolos é uma injunção tão presente, tão candente, impetuosa e subterrânea quanto o fluxo de lava sempre ameaçador do Etna – mesmo no caso risível da destruição, em 2001, do *Mandarom* (a gigantesca e horrível estátua erguida por uma seita no Sul da França), comparada pelos fiéis ao fim dos budas afegãos...

Evidentemente, a destruição dos ídolos não se limita aos espíritos religiosos. Qual crítico não acredita que seu dever definitivo, sua responsabilidade mais imperiosa, seja destruir os mastros totêmicos, expor as ideologias, desiludir os idólatras? Como muitos observaram, a grande maioria dos que se escandalizaram com o gesto vândalo dos talibãs descendia de ancestrais que haviam destruído os ícones adorados de outras pessoas – ou haviam participado de algum ato de desconstrução.

O que foi mais violento? A aspiração religiosa a destruir os ídolos para levar a humanidade ao verdadeiro culto do verdadeiro Deus, ou a aspiração antirreligiosa a destruir os ícones sagrados para trazer de volta a humanidade ao bom senso? Uma icono*crise* infalível,

---

13 Centlivres, *Les Bouddhas d'Afghanistan*.
14 Refere-se à distinção entre religião verdadeira e falsa. (N. T.)

pois, se eles não são nada, ninguém sabe se esses ídolos podem ser destruídos sem consequências ("São apenas pedras", dizia o mulá Omar,[15] da mesma forma que os iconoclastas bizantinos e, mais tarde, luteranos) ou se devem ser destruídos por serem tão *poderosos*, tão ameaçadores ("Se eles são tão vazios de sentido, por que você se apega eles?"; "Teu ídolo é meu ícone").

Registros científicos

Por que, então, as imagens científicas? Elas oferecem, incontestavelmente, um mundo de representações frias, objetivas, sem mediação e, portanto, não deveriam desencadear a mesma paixão nem o mesmo frenesi que as imagens religiosas. Ao contrário destas últimas, elas se contentam em descrever o mundo de uma maneira que ele pode ser julgado verdadeiro ou falso. Precisamente porque são frias, renovadoras, reproduzíveis e corroboráveis, elas são amplamente incontestadas e constituem objeto de um consenso singular e quase universal; seu modelo de confiança, de crença, de rejeição e de rancor é, portanto, completamente diferente daquele engendrado pelos ídolos/ícones. Aí está por que lhes demos tanto espaço no catálogo e, como veremos, por que elas apresentam diversas formas de icono*clashes.*

Para começar, para a maioria das pessoas, não se trata exatamente de imagens, mas do próprio mundo. Não há nada a dizer, a não ser escutar a sua mensagem. Chamá-las de imagem, inscrição, representação, mostrá-las em uma exposição ao lado de ícones religiosos, constitui já um gesto iconoclasta. "Se são *simples* representações de galáxias, átomos, luz, genes, então poderíamos dizer, com ar

---

15 "Ou essas estátuas estão ligadas a crenças idólatras", comentou o mulá, "ou se trata apenas de simples fragmentos de pedra; no primeiro caso, o Islã ordena destruí-las; no segundo, não importa se forem quebradas!" (Centlivres, *Les Bouddhas d'Afghanistan*, p.141).

indignado, que não são reais, que foram *fabricadas*". E, no entanto, fica muito rapidamente evidente que, sem imensos e custosos instrumentos, sem grandes grupos de cientistas, sem gordas somas de dinheiro e sem longos treinamentos, nada seria visível nessas imagens. É *graças a* essas múltiplas mediações que elas podem ser tão objetivamente verdadeiras.

Aí está, portanto, um outro icono*clash*, exatamente em oposição àquele provocado pelo culto da destruição das imagens religiosas: quanto mais instrumentos, quanto mais mediações, *melhor* é a apreensão da realidade. Se há um domínio no qual o segundo mandamento não poderia ser aplicado, é aquele governado pelos que fabricam objetos, mapas e diagramas à imagem "das coisas que estão acima nos céus, ou que estão embaixo na terra, ou que estão nas águas mais baixo do que a terra". Também o modelo de interferência pode nos permitir renovar nossa compreensão da fabricação da imagem: quanto mais criamos imagens pela mão do homem, mais coletamos objetividade. Na ciência, a "pura representação" não existe.

Arte contemporânea

Sendo assim, por que misturar as mediações religiosas e científicas à arte contemporânea? Porque ali, ao menos, é impossível duvidar que as pinturas, as instalações, os *happenings*, os acontecimentos e os museus sejam de *fabricação humana*. A mão no trabalho é visível por toda parte. Não esperamos ver emergir um ícone *acheiropoieta* desse turbilhão de movimentos, artistas, organizadores, compradores e vendedores, críticos e dissidentes. Ao contrário, as reivindicações as mais extremas foram feitas em nome de uma criatividade individual, baseada no homem. Sem acesso à verdade nem às divindades. Abaixo a transcendência!

Em nenhum lugar podemos encontrar melhor laboratório do que a arte contemporânea para testar e analisar a resistência de cada elemento constitutivo do culto à imagem, à pintura, à beleza, às mídias, ao gênio. Em nenhum outro lugar tantos efeitos paradoxais foram aplicados no público para tornar suas reações mais complexas em face das imagens. Em nenhum outro lugar tantos procedimentos foram inventados para frear, modificar, perturbar, perder o olhar ingênuo e o "regime escópico" do *amante da arte*. Tudo foi pouco a pouco contraexperimentado e pulverizado, da representação mimética à fabricação da imagem, da tela à cor, da obra de arte ao próprio artista e sua assinatura, ao papel dos museus, dos mecenas, dos críticos – sem esquecer os filisteus, ridicularizados até a morte.

Tudo, cada detalhe do que é a arte e do que é ícone, ídolo, visão, olhar, foi derramado no caldeirão para ser fervido e evaporado naquilo que denominamos, no século passado, a arte moderna.[16] Um Juízo Final foi pronunciado: *nossas maneiras de produzir representações, quaisquer que sejam*, foram todas consideradas deficientes. Gerações de iconoclastas quebraram tanto a figuração quanto as obras. Uma fabulosa experimentação de niilismo em grande escala. Um prazer histérico de autodestruição. Um sacrilégio desopilante. Um tipo de inferno anicônico deletério.

E, como era de se esperar, aí está outro icono*clash*: tanta desfiguração e tanta "re-figuração". Dessa experimentação obsessiva para escapar do poder da fabricação tradicional da imagem, emergiu uma fonte fabulosa de imagens *novas*, de mídias *novas*, de obras de arte *novas*, de *novos* dispositivos multiplicando as possibilidades da visão. Quanto mais a arte se tornou sinônimo de destruição da arte, mais nós a produzimos, avaliamos, discutimos, compramos, vendemos e, sim, adoramos a arte. Novas imagens foram produzidas, tão poderosas que se tornaram impossíveis de comprar, tocar, queimar, reparar e mesmo transportar, verificar, criando assim um número crescente de icono*clashes...* – um tipo de "destruição criativa" que Schumpeter não havia previsto.

---

16 Cf., por exemplo, o esplêndido Clark, *Farewell to an Idea.*

A reconfiguração da confiança e da desconfiança com relação à imagem

Reunimos, portanto, três diferentes modelos de rejeição da imagem e construção da imagem, de confiança na imagem e desconfiança da imagem, sendo a aposta de que as interferências das três permitiriam ir além das guerras da imagem, além do *Bildersturm*.

Não introduzimos imagens religiosas em uma instituição de arte contemporânea de vanguarda para submetê-las novamente à ironia ou à destruição, tampouco para apresentá-las novamente à adoração. Introduzimo-las para fazer eco às imagens científicas, a fim de mostrar os motivos de sua força e as formas de *invisibilidade* que esses dois tipos de imagens puderam produzir.

As imagens científicas não foram introduzidas aqui nem para instruir nem para esclarecer o público de uma qualquer maneira pedagógica que seja, mas para mostrar como são produzidas, como estão ligadas umas às outras, a que tipo de iconoclasmo estão submetidas, que tipo singular de mundo invisível elas geram.

Quanto às peças de arte contemporânea, elas não são apresentadas aqui para formar uma exposição de arte, mas para permitir que se extraiam conclusões dessa imensa experiência de laboratório conduzida por meio de tantas mídias e iniciativas criativas audaciosas, sobre os limites e as virtudes da representação.

De fato, tentamos construir, para a arte iconoclasta recente, um tipo de *câmara de ídolos*, semelhante àquelas constituídas pelos profanadores protestantes quando extirpavam as imagens do culto, transformando-as em objetos de horror e zombaria, *antes* que se tornassem o próprio núcleo dos museus de arte e da avaliação estética.[17] Decerto uma estranha reviravolta, e não sem ironia – mas muito bem documentada.

---

17 Koerner, *The Reformation of the Image.*

As formas habituais do respeito, do espanto, da desconfiança, da adoração e da confiança, que tradicionalmente distinguem as mediações religiosas, científicas e artísticas, deveriam ser amplamente reavaliadas ao longo desta exposição.

Quais objetos selecionar?

Como parece mais claro agora, *Iconoclash* não é nem uma exposição artística nem um debate filosófico, mas um gabinete de curiosidades elaborado por "amigos dos objetos interpretáveis", a fim de compreender as origens do fanatismo, do ódio, da crítica e do niilismo engendrados pela questão da imagem na tradição ocidental. Um projeto modesto, se tanto! Mas os curadores desta exposição não sendo completamente loucos, não tentamos cobrir toda a questão do culto e da destruição das imagens desde Aquenáton até o 11 de Setembro de 2001.[18] Nosso empreendimento não é enciclopédico. Ao contrário, selecionamos muito precisamente os lugares, os objetos e as situações que revelavam uma ambiguidade, uma incerteza, um icono*clash* quanto à maneira de interpretar a fabricação e a destruição da imagem.[19]

Uma alternativa impossível

Por que destruir o que denomino os "fatiches"? Como os iconoclastas podem suportar viver com os destroços daquilo que, até a sua chegada, era o único meio de produzir, reunir e acolher as

---

18 Acontecimento ocorrido em plena preparação da exposição, inaugurada em março de 2002.

19 O imenso material da exposição foi repartido entre vários curadores – Peter Galison, Dario Gamboni, Joseph Koerner, Adam Lowe, Hans-Ulrich Obrist e, obviamente, Peter Weibel – que se reuniram regularmente de 1999 a 2002 para compartilhar suas escolhas.

divindades? Qual não deve ser o seu espanto ao ver as suas mãos incapazes de realizar as tarefas realizadas desde tempos imemoriais: absorver-se no trabalho, criando objetos, contudo, que não são de sua própria fabricação? Doravante, é necessário escolher entre duas exigências contraditórias: ou isso foi feito pelas suas próprias mãos e, nesse caso, não tem valor; ou isso é objetivo, verdadeiro, transcendente, e, nesse caso, você não pode em absoluto tê-lo fabricado. Ou Deus faz tudo e os homens não fazem nada, ou os homens fazem todo o trabalho e Deus não é nada. Ou muito, ou muito pouco, quando os fatiches se vão.

Sim, certamente é preciso fabricar os fatiches. As mãos humanas não podem fazer todo esforço para produzir imagens, pinturas, inscrições de todos os tipos, e ainda criar, acolher e reunir a objetividade, a beleza e as divindades, exatamente como nos tempos antigos – agora proibidos, reprimidos e obstruídos. Como não se tornar fanático quando os deuses, as verdades e a santidade devem ser fabricados e não existe mais nenhum meio *legítimo* de fabricá-los? A questão que coloco nesta exposição é a seguinte: como se vive com esse duplo constrangimento sem enlouquecer? Nós enlouquecemos? Existe remédio para essa loucura?

Vamos examinar por um instante a tensão criada por esse duplo constrangimento, que poderia explicar grande parte da arqueologia do fanatismo. O demolidor de ídolos, o destruidor do mediador tem apenas duas soluções, opostas uma à outra: ou ele (creio que é honesto aqui escolher o masculino) tem pleno controle de suas mãos, mas o que ele produz é "apenas" a "simples" consequência de sua própria força e de sua própria fraqueza projetadas na matéria, pois ele é incapaz de restituir mais do que ele colocou – em qualquer caso, a ele resta apenas oscilar entre *hubris* e desespero, de acordo com o que ele escolhe considerar seu infinito poder criador ou o caráter absurdamente limitado de suas forças; ou ele está nas mãos de uma divindade transcendente e não fabricada, que o criou do nada e produziu verdade e santidade de maneira *acheiropoietica*.

E, assim como ele, o fabricante humano, oscila entre *hubris* e desespero, Ele, o Criador, oscilará freneticamente entre onipotência e não existência, conforme a Sua presença possa ou não se manifestar, a Sua eficácia possa ou não ser verificada. O que antes era sinônimo: "Eu fabrico", "Eu não controlo o que fabrico", tornou-se total contradição: "Ou você fabrica ou você é fabricado".[20]

A alternativa impossível entre o controle do criador humano poderoso (impotente) e o abandono às mãos do Criador onipotente (impotente) é problemática em si. Mas o que agrava o constrangimento e leva ao delírio completo do homem preso em sua camisa de força é que, apesar da proibição, não há meio de frear a proliferação dos mediadores, das inscrições, dos objetos, dos ícones, dos ídolos, das imagens e dos signos. Por mais intransigentes que sejamos com a destruição de fetiches e a interdição imposta à adoração de imagens, templos serão construídos, sacrifícios serão realizados, instrumentos serão utilizados, orientações religiosas serão metodicamente colocadas no papel, manuscritos serão copiados, incenso será queimado e milhares de gestos deverão ser inventados para coletar a verdade, a objetividade e a santidade.

O segundo mandamento é ainda mais terrível quanto é impossível segui-lo. A única forma de buscar observá-lo é *negar* o trabalho de suas próprias mãos, *reprimir* a ação sempre presente na elaboração, na fabricação, na construção e na produção das imagens, *apagar* a escritura ao mesmo tempo que é redigida, *castigar* as mãos à medida que trabalham. Mas o que faremos sem mão? A qual verdade teremos acesso sem imagem? Sem instrumento, por qual ciência seremos educados?

Podemos medir a miséria sofrida por aqueles que devem produzir imagens sem poder confessar que as fabricaram? Pior: ou deverão dizer que o demiurgo faz todo o trabalho, escreve *diretamente* as escrituras sagradas, inventa os rituais, fixa a lei, reúne as multidões;

---

20 Cf. o exemplo da fábula de La Fontaine na "Advertência".

124 BRUNO LATOUR

ou então, se o trabalho do fiel é revelado, eles serão constrangidos a denunciar os textos como "simples" fabricações, os rituais como falsos semblantes, a sua fabricação como pura invenção, a sua construção como impostura, a sua objetividade como socialmente construída, as suas leis como humanas, demasiadamente humanas.[21]

O demolidor de ídolos também é duplamente louco: não apenas ele próprio se desapossou do segredo da produção dos objetos transcendentais, como continua a produzi-los, mesmo essa produção sendo agora totalmente proibida, e não podendo em nenhum caso tornar-se pública. Nas mãos do seu Criador, ele hesita entre poder infinito e fraqueza infinita, liberdade criativa infinita e servidão infinita; e oscila constantemente entre recusa dos mediadores e necessidade de sua presença. Para deixar qualquer um louco. Para, ao menos, produzir mais um icono*clash*.

Em seu estranho pesadelo sobre Moisés, Freud propõe analisar uma loucura semelhante – a invenção da "contrarreligião", segundo a expressão de Assmann –, uma lenda realmente bizarra: a do assassinato do pai egoísta e imperial pela horda primitiva de filhos ciumentos.[22] Mas a tradição esconde uma outra lenda, mais reveladora, na qual não é o pai que é morto, mas os *meios de existência* do pai, que foram aniquilados pelo filho demasiado empreendedor.[23]

Conta-se que Abraão, com a idade de 6 anos, destruiu a loja de ídolos de seu pai, Terah, a qual ele lhe havia confiado por um momento.

---

21 Cf. Clément, L'image dans le monde arabe: interdits et possibilités, in: Beaugé; Clément (Dir.), *L'image dans le monde arabe*, p.11-42. Para uma análise minuciosa da "inveja" de Deus Criador com relação ao artista, e a tentação constante do ateísmo na rejeição histérica dos ídolos, cf. Clément neste catálogo.

22 Freud, *L'homme Moïse et la religion monothéiste*.

23 A diferença entre os dois tipos de assassinatos poderia explicar certas características visuais singulares do gabinete de Freud. Cf. Marinelli e, mais amplamente, o que Andreas Mayer denomina os "objetos psíquicos" no catálogo (Latour e Weibel, *Iconoclash. Beyond the Image-Wars in Science, Religion and Art*).

Rabbi Hiyya, neto de Rabbi Ada de Yaffo [diz]: "Terah era idólatra." Um dia, ele saiu e encarregou Abraão da venda [dos ídolos]. Se um homem vinha comprar uma estátua, ele (Abraão) lhe perguntava: "Quantos anos você tem?". [O cliente] respondia: "Cinquenta" ou "Sessenta anos". Ele então respondia: "Ele tem sessenta anos e quer venerar uma estátua de um dia!". O cliente sentia-se envergonhado e partia. Um dia, veio uma mulher com um cesto de farinha. Ela disse: "Aqui está para os teus deuses". Abraão pegou um bastão e quebrou todos os ídolos, à exceção do maior, na mão do qual ele colocou o bastão. Seu pai retornou e perguntou o que havia ocorrido. [Abraão] respondeu: "Eu esconderia alguma coisa do meu pai? Uma mulher veio com um cesto de farinha e me pediu para dá-los a esses deuses. Assim que os ofereci, um deus disse: 'Eu primeiro!'. Um outro: 'Não, eu primeiro!'. Então o maior se levantou e quebrou todos os outros". [Terah] disse: "Você está zombando de mim? Como eles poderiam fazer o que quer que seja?". [Abraão] respondeu: "Seus ouvidos não escutariam o que sua boca está dizendo?".[24]

Que belo icono*clash*! Ninguém parece ter compreendido a resposta ambígua do filho à pergunta do pai: "Seus ouvidos não escutariam o que sua boca está dizendo?". O filho zomba do pai por adorar os ídolos ou, ao contrário, o pai reprova o filho por não compreender o poder dos ídolos? "Se você começa a quebrar os ídolos, meu filho, com quais mediações você acolherá, reunirá, agrupará, juntará e agregará as divindades? Você está seguro de ter compreendido bem os preceitos de seu Deus? Em que tipo de loucura você está disposto a mergulhar se começa a acreditar que eu, seu pai, creio *ingenuamente* nesses ídolos que fabriquei com minhas próprias mãos, que foram cozidos em meu próprio forno, esculpidos com meus próprios cinzéis? Você realmente acredita que eu ignoro

---

24 Bereshit Rabbá 38,16, exegese de Gênesis 11,30: "E Harão morreu diante de seu pai".

126 BRUNO LATOUR

a origem deles? Você realmente acredita que essa origem modesta *enfraquece* sua pretensão à realidade? Seu espírito crítico é *ingênuo a esse ponto?"*

Essa disputa lendária é encontrada em toda a parte em termos mais abstratos, sempre que uma mediação produtiva é destruída e substituída pela pergunta: "Fabricada ou real? É preciso escolher!".[25] O que tornou impossível o construtivismo na tradição ocidental? Uma tradição que, além do mais, construiu e desconstruiu tanto, mas sem ter condições de confessar como conseguiu fazer isso. Se os ocidentais tivessem realmente acreditado que tinham de escolher entre construção e realidade (se eles tivessem sido definitivamente modernos), jamais teriam tido religião, arte, ciência ou política. As mediações são necessárias em tudo. Proibi-las significa assumir o risco de tornar-se louco, fanático; mas não há meio de obedecer ao seu mandamento ou escolher entre os dois polos antinômicos: fabricado ou real. É uma impossibilidade estrutural, um impasse, um *double-bind*, um delírio – é tão insustentável quanto exigir de um mestre do *bunraku* que, doravante, ele escolha mostrar sua marionete ou mostrar a si próprio no palco.

Aumentar o custo da crítica

De minha parte, selecionei objetos que revelam esse impasse e o fanatismo que ele provoca.[26] Como se o espírito crítico não pudesse superar a destruição original dos fatiches e compreendesse quanto ele perdera pressionando o fabricante a fazer essa impossível escolha entre construção humana e acesso à verdade e à objetividade.

---

25 Em nenhum lugar a coisa é mais evidente do que na filosofia das ciências, meu campo inicial de estudos, que distribui cada posição entre realismo e construtivismo. Cf. Hacking, *Entre science et réalité*.

26 Cf. o caso de Jagannah em "Sobre o culto dos deuses *fatiches"*, p.50 ss.

A suspeição nos tornou estúpidos. Como se o martelo da crítica tivesse ricocheteado contra a cabeça do crítico e o tivesse derrubado!

Isso porque esta exposição é também uma *revisão do espírito crítico*, uma pausa na crítica, uma reflexão sobre o desejo de desmistificar, de fornecer precipitadamente aos outros uma crença ingênua.[27] Os adeptos não são tolos. Não é que a crítica não seja mais útil, é que ela recentemente se tornou muito barata.

Poderíamos dizer, não sem ironia, que ela teve um tipo de *miniaturização* do esforço crítico: aquilo que, nos séculos passados, exigira esforços consideráveis de um Marx, um Nietzsche ou um Benjamin tornou-se tão acessível quanto os supercomputadores que, nos anos 1950, ocupavam salas inteiras, despendiam uma quantidade considerável de calor e eletricidade e hoje são do tamanho de uma unha e não custam quase nada. Podemos nos causar uma desilusão baudrillardiana ou bourdiana por quase nada, uma desconstrução derridiana por um tostão. Teorias da conspiração são produzidas sem custo nenhum, a incredulidade é fácil, a desmistificação é ensinada nas faculdades. Como anunciava a propaganda de um filme recente de Hollywood: "Tudo é suspeito... tudo está à venda... e nada é verdade!".

Nós amaríamos (eu amaria) tornar a crítica mais difícil, aumentar seu custo, adicionando-lhe uma camada adicional, um outro icono*clash*: e se a crítica tivesse sido não crítica a ponto de tornar invisível a necessidade da mediação? Qual é o ponto fraco do Ocidente, a mola escondida do modernismo que faz funcionar a maquinaria? E se, uma vez mais, tivéssemos compreendido mal o segundo mandamento? Se Moisés tivesse sido constrangido a modificá-lo, a abrandá-lo em razão da fraca comunicação que ele tinha com seu povo "de cerviz dura"?

---

27 Sloterdijk, *Critique de la raison cynique*.

Uma classificação dos gestos iconoclastas

Agora que temos uma pequena ideia da maneira pela qual o material para a exposição e para o catálogo foi selecionado, talvez seja útil para o leitor e para o visitante que seja dada uma classificação dos icono*clashes* apresentados aqui.

É certamente impossível propor uma tipologia normalizada e aceita para um fenômeno tão complexo e inapreensível. Isso iria contra o espírito da exposição. Como afirmei de forma meio insolente, o que buscamos não é *re-descrever* a iconofilia e o iconoclasmo e produzir ainda *mais incerteza* quanto ao tipo de culto da imagem/ de destruição da imagem, ao qual nós fomos confrontados? Como poderíamos separá-los rigorosamente? E, no entanto, talvez fosse útil apresentar rapidamente os cinco tipos de gestos iconoclastas passados em revista na exposição para avaliar a carga de ambiguidade engendrada pelos enigmas visuais que procuramos.

O princípio que preside essa classificação, certamente aproximativa, consiste em observar para cada situação de iconocrise:

- a motivação profunda dos demolidores de ídolos;
- os papéis que eles conferem às imagens destruídas;
- os efeitos dessa destruição sobre aqueles que veneravam essas imagens;
- a maneira como essa reação é interpretada pelos iconoclastas;
- e, finalmente, os efeitos da destruição sobre os próprios sentimentos do destruidor.

Mesmo imperfeita, essa lista é suficientemente robusta, acredito, para nos guiar pelos exemplos numerosos reunidos aqui.

Os "A" são contra todas as imagens

O primeiro tipo – designo-os por letras para evitar uma terminologia demasiado carregada – reúne aqueles que querem liberar os crentes – aqueles que eles *consideram* crentes – de sua vinculação fictícia aos ídolos de todos os tipos e todas as formas. Os ídolos, cujos fragmentos jazem no chão, eram apenas um obstáculo no caminho das mais altas virtudes. Eles tinham de ser destruídos. Eles desencadeavam muita indignação e ódio no coração dos corajosos destruidores de imagens. Viver com elas era mais insuportável.[28]

O que distingue o tipo A de todos os outros tipos de iconoclastas é que eles acreditam que não é apenas necessário, mas também possível, livrar-se *completamente* dos intermediários para acessar a verdade, a objetividade e a santidade. Consideram que, sem esses obstáculos, teríamos finalmente acesso mais direto, mais rápido e mais sereno à coisa verdadeira, único objeto digno de respeito e adoração. As imagens não são nem mesmo uma introdução, uma reflexão, uma indicação do original: elas *impedem* todo o acesso ao original. Entre as imagens e os símbolos, é preciso escolher ou ser amaldiçoado.

O tipo A é, portanto, a forma pura do iconoclasmo "clássico", típico da rejeição formalista da imaginação, do propósito e dos modelos em ciência, assim como de inúmeros movimentos revolucionários, bizantinos, luteranos de demolidores de ídolos, e dos horríveis "excessos" da Revolução Cultural. A purificação é seu objetivo. Para o tipo A, o mundo seria um lugar bem melhor, bem mais limpo, bem mais iluminado, se pudéssemos nos livrar de todas as mediações e entrar diretamente em contato com o original, as ideias, o verdadeiro Deus.

Um dos problemas com o tipo A é que eles devem se convencer de que os outros – os coitados cujos preciosos ícones são acusados de serem ídolos ímpios – acreditam ingenuamente neles. Essa

---

28 Como lembra Centlivres (*Les Bouddhas d'Afghanistan*), o mulá Omar sacrificou cem vacas, uma hecatombe extremamente custosa para os padrões afegãos, como sinal de arrependimento por *não ter conseguido* destruir antes os budas: cem vacas para pedir a remissão desse horrível pecado da não destruição durante onze séculos!

suposição explica que os gritos de horror dos filisteus diante da pilhagem e do saque, longe de frear os tipo A, provam, ao contrário, quanto eles têm razão. A intensidade do horror dos idólatras é a melhor prova de que os pobres crentes ingênuos investiram demais nessas pedras essencialmente insignificantes. Armados da noção de crença ingênua, os combatentes da liberdade interpretam constantemente a indignação daqueles que eles escandalizam em uma vinculação abjeta com as coisas, que eles devem destruir ainda mais radicalmente.

Mas o maior problema dos tipo A é que ninguém – nem mesmo eles! – pode afirmar que eles não são do tipo B...

Os "B" são contra a imagem congelada, não contra as imagens

O tipo B também é destruidor de ídolos. Também devasta as imagens, destrói costumes e hábitos, escandaliza os adoradores e profere gritos horríveis de: "Blasfemo! Infiel! Sacrilégio! Profanação!". Mas a grande diferença entre o tipo A e o tipo B – a distinção que perpassa toda esta exposição – é que estes últimos acreditam não ser possível nem necessário livrar-se das imagens definitivamente. O que eles combatem é a *imagem congelada*, ou seja, o fato de se retirar uma imagem do fluxo e cair em êxtase diante dela, como se ela fosse suficiente, como se todo movimento tivesse cessado.

O tipo B não está em busca de um mundo livre de imagens, purificado de todo obstáculo, livre de todo mediador, mas, ao contrário, de um mundo *cheio* de imagens ativas, de mediadores em movimento. Não deseja – como quer o tipo A – que a produção de imagens pare para sempre; ele quer que ela seja *retomada* de maneira tão rápida e tão renovada quanto possível.

Para o tipo B, a iconofilia não significa atenção exclusiva e obsessiva à imagem, pois as imagens *fixas* são tão insuportáveis para os B quanto para os A. A iconofilia significa: ir de uma imagem a *outra*. O tipo B sabe que "a verdade é imagem, mas não existe imagem da verdade". Para ele, a única maneira de acessar a verdade, a objetividade e a santidade é passar o mais rapidamente possível de uma imagem a outra, e não se prender ao sonho impossível de um salto direto até o original inexistente. Contrariamente à cadeia de semelhança mimética, ele não busca ir da cópia para o protótipo. Como afirmavam os antigos bizantinos iconófilos, os B são "econômicos" – esse termo designando, nesse caso, o longo fluxo cuidadosamente controlado de imagens da religião, da política e da arte, e não o que ele designa hoje: o mundo dos bens.

Enquanto os A acreditam que aqueles que detêm as imagens são iconófilos e os espíritos corajosos que rompem com a fascinação pelas imagens são iconoclastas, os B definem como iconófilos aqueles que *não se apegam* a uma imagem em particular, mas são capazes de passar de uma imagem a outra. Para eles, são iconoclastas tanto aqueles que querem absurdamente se livrar de todas as imagens como aqueles que permanecem fascinados pela contemplação de uma única imagem fixa.

Entre os exemplos emblemáticos de B, pensamos em Jesus expulsando os mercadores do Templo, em Bach perturbando os ouvidos da congregação de Leipzig, habituados a uma música monótona,[29] em Malevich pintando o quadrado negro para acessar as forças cósmicas que permaneciam escondidas na pintura figurativa clássica,[30] no sábio tibetano esmagando uma bituca de cigarro na cabeça de um buda para provar seu caráter ilusório.[31] Os danos infligidos aos ícones sempre constituem, para eles, uma injunção

---

29 Laborde, Vous avez tous entendu son blasphème?, Qu'en pensez-vous? Dire la Passion selon saint Matthieu selon Bach. *Ethnologie Française*, v.22, 1992, p.320-33.

30 Groys, *Staline, oeuvre d'art totale*.

31 Stoddard, *Le mendiant de l'Amdo*.

caridosa para *redirecionar* a atenção para outras imagens, mais sagradas, mais recentes, mais frescas: não para ficar *sem* as imagens.

Certamente, porém, numerosos icono*clashes* resultam do fato de que nenhum adorador é capaz de saber quando seu ícone/ídolo preferido será destruído, nem se o autor do ato escandaloso é um A ou um B! Eles se perguntam: "Estão exigindo de nós que busquemos estabelecer, sem nenhuma mediação, um vínculo direto com Deus e com a objetividade? Estamos sendo convidados a simplesmente mudar o veículo que utilizamos até o momento para o culto? Estamos sendo incitados a desenvolver um sentimento renovado de adoração, estão nos pedindo para que recomecemos do zero o nosso trabalho de construção de imagens? Imaginem a longa indecisão daqueles que, ao pé do monte Sinai, esperavam o retorno de Moisés: o que ele nos pediu para fazer? É tão fácil se equivocar com essas injunções contraditórias e se pôr a construir o Bezerro de Ouro, acreditando ser fiel a elas.

A e B têm dúvidas sobre a maneira de interpretar as reações daqueles cujos ícones/ídolos foram queimados? Esses últimos se enfurecem por terem sido privados de seus preciosos ídolos, como crianças privadas de seu objeto transicional? Têm vergonha por serem falsamente acusados de acreditar ingenuamente em coisas que não existem? Ficam horrorizados por serem tão violentamente constrangidos a renovar sua adesão à preciosa tradição que deixaram cair em descrédito e que se tornou simples costume? Confrontados aos gritos por seus adversários, nem os A nem os B são capazes de decidir que tipo de profetas *eles próprios* são: profetas que declaram se livrar de todas as imagens ou que, "economicamente", querem deixar a cascata de imagens retomar o seu movimento para recomeçar o trabalho da verdade ou da salvação?

Mas ainda não terminamos de falar das incertezas, das ambiguidades e das iconocrises. Pois, afinal de contas, tanto o A como o B poderiam ser apenas um C disfarçado.

Os "C" não são contra as imagens, apenas contra as imagens dos adversários

Os C também buscam a desmistificação, o desencantamento, a destruição dos ídolos. Também deixam atrás de si pilhagem, escombros, gritos de horror, escândalos, abominação, blasfêmia, vergonha e profanações de todos os tipos. Mas, ao contrário dos A e dos B, eles não têm nada contra as imagens em geral: eles atacam a imagem à qual o seu adversário *se agarra* com mais força.

Trata-se do mecanismo bastante conhecido da provocação, pelo qual, para destruir alguém da maneira mais rápida e eficaz possível, basta atacar aquilo que ele tem de mais precioso, o que se tornou o receptáculo de todos os tesouros simbólicos de um povo. Queimar as bandeiras, cortar os quadros e fazer reféns são exemplos típicos. Diga o que mais toca o seu coração e eu o destruirei para matar você mais rápido. É a estratégia do *minimax*, típica ameaça terrorista: um mínimo de investimento para um máximo de dano. Estiletes e passagens de avião contra os Estados Unidos da América.

A busca do objeto adequado que atrairá a destruição e o ódio é *recíproca*. "Antes de você começar a atacar a minha bandeira, eu não sabia a que ponto eu a amava; agora eu sei." Os provocadores e os provocados brincam de gato e rato, os primeiros em busca do que desencadeará mais rapidamente a indignação dos segundos, os segundos procurando diligentemente o que desencadeará a mais violenta indignação dos primeiros.[32] Nessa busca, cada um reconhece que a imagem em questão é apenas *pretexto*, não é nada mais do que uma oportunidade para fazer escândalo. Na ausência de conflito, ambos os lados confessariam facilmente que o objeto da disputa não é aquilo, que o que está em jogo é algo completamente diferente.[33]

---

32 O politicamente correto se ajusta a esse mecanismo: escavar tudo em busca de boas oportunidades de se escandalizar.

33 Com respeito aos mecanismos da produção de escândalos na arte contemporânea, cf. Nathalie Heinich e Dario Gamboni neste catálogo (Latour e Weibel,

134 BRUNO LATOUR

Para os C, a imagem *mesma* não está em questão. Eles não têm nada contra ela (ao contrário dos A) nem a favor dela (ao contrário do B). A imagem é simplesmente sem valor – sem valor, mas atacada, defendida, atacada...

O mais terrível para os demolidores de ídolos é que há nenhuma maneira decisiva de distinguir os A dos B ou dos C. Talvez tenham se enganado totalmente sobre a sua vocação; talvez tenham se enganado sobre os gritos de horror daqueles que eles denominam filisteus, e são as testemunhas do saque de seus ídolos. Eles se veem como profetas, mas talvez sejam apenas simples "agentes provocadores". Supõem libertar as pobres almas condenadas, aprisionadas pelas monstruosidades, mas e se forem, ao contrário, fabricantes de escândalos que se esforçam para humilhar seus adversários da forma mais eficaz possível?

O que aconteceria comigo se eu, de minha parte, criticando os críticos, apenas quisesse provocar um escândalo? E se o *Iconoclash*, em sua pretensão de redescrever o iconoclasmo, fosse apenas mais um gesto iconoclasta e, além do mais, insípido, uma provocação, uma simples repetição do gesto preferido da *intelligentsia*? É impossível saber.

Ah, mas aí está por que chamamos a tudo isso *Iconoclash*.

Os "D" destroem involuntariamente as imagens

Um outro tipo de demolidor de ídolos aparece nesta exposição, um gênero absolutamente finório, que poderíamos chamar de "vândalo inocente". Como sabemos, o *vandalismo* é um termo

---

Iconoclash, Beyond the Image-Wars in Science, Religion and Art) e Gamboni, *The Destruction of Art, Iconoclasm and Vandalism since the French Revolution*. Com respeito aos "casos" sociais e políticos, cf. Boltanski, *L'amour et la justice comme compétences*. O mecanismo típico que permite visualizar as imagens como pretextos foi estudado por Girard, *Des choses cachées depuis la fondation du monde*.

ICONOCLASH **135**

pejorativo, inventado para descrever aqueles que destroem as imagens não tanto por ódio, mas por ignorância, atraídos por lucro, pura paixão ou loucura.[34]

Obviamente podemos utilizar esse termo para descrever a ação dos A, dos B e dos C. *Todos* podem ser acusados de vandalismo por aqueles que não sabem se eles são crentes inocentes, furiosos por serem acusados de ingênuos, filisteus acordados de seu sono dogmático por um chamado profético, ou fabricantes de escândalos felizes por serem objeto de crítica e, assim, poderem demonstrar a força e o farisaísmo de sua indignação.

Mas os vândalos inocentes diferem dos "maus", dos vândalos clássicos: eles não têm nenhuma consciência de estar destruindo o que quer que seja. Ao contrário, eles veneram as imagens, protegem as imagens da destruição, e, no entanto, são acusados de tê-las profanado e destruído![35] Em certo sentido, são *retrospectivamente* iconoclastas. O exemplo típico é o dos restauradores de afrescos, monumentos, bairros, paisagens, que são acusados de "matar por amor". O campo da arquitetura é particularmente abundante desses inocentes que, quando constroem, devem destruir, e cujas construções são acusadas retrospectivamente de ser apenas vandalismo. O coração deles transborda de amor pelas imagens – nisso eles são diferentes dos outros tipos –, mas, apesar disso, desencadeiam exatamente os mesmos protestos de "profanação", "sacrilégio" e "blasfêmia" que os demais.

A vida é muito complexa: restaurando as obras de arte, embelezando as cidades, reconstituindo os sítios arqueológicos, eles os destruíram, afirmam seus adversários, a ponto de aparecerem como os

---

34 Réau, *Histoire du vandalisme*; Chastel, *Le sac de Rome – 1527.*

35 A censura pode ser uma dimensão do tipo D: destruir ou esconder as imagens em nome da proteção de outras imagens e errar o alvo. Os cineastas apagaram de seus filmes as imagens do World Trade Center para não chocar os espectadores (*International Herald Tribune*, 25 out. 2001), e os retocadores de fotos do século XX retiram o cigarro do retrato de homens célebres para colocá-los retroativamente em conformidade com as leis contra o tabagismo...

136   BRUNO LATOUR

piores iconoclastas ou, ao menos, os mais perversos. Mas há outros exemplos, como os museus que conservam os belos malagans da Nova Guiné, mesmo que tenham perdido todo valor para os criadores, pois devem ser destruídos ao fim de três dias, ou então aqueles objetos africanos cuidadosamente concebidos para apodrecer no solo, e que são cuidadosamente guardados por negociantes de arte e, dessa forma, privados de todo o poder aos olhos de seus criadores.[36] O aprendiz de feiticeiro não é um feiticeiro cruel, mas um feiticeiro que *se torna* cruel por causa da sua própria inocência, ignorância e negligência.

E, mais uma vez, os A, assim como os B e os C, podem ser acusados de D, ou seja, de mirar o alvo errado, esquecer de levar em conta os efeitos secundários, as consequências profundas de seus atos de destruição. "Você achava que estava libertando as pessoas da idolatria, mas você simplesmente as estava privando de seus instrumentos de culto." "Você achava que era um profeta que estava renovando o culto das imagens com novas imagens, mas você é apenas um causador de escândalos com sede de sangue." Essas reprimendas, frequentemente proferidas nos círculos revolucionários, acusam o outro de estar do lado errado ou ser, *horresco referens*, "reacionário". E se matamos as pessoas erradas, e se destruímos os ídolos errados? Pior, e se sacrificamos os ídolos em nome de um culto a um Baal ainda maior, mais sangrento e mais monstruoso?

---

36 Podemos encontrar outros casos de destruição retrospectiva na tecnologia: o amianto era considerado um "produto milagroso", antes de os industriais serem acusados de matar milhares de pessoas propagando-o em todas as construções; o DTT era considerado um pesticida mágico, antes de ser acusado dos mesmos crimes. Para uma análise a respeito dessas acusações retrospectivas e da noção de "efeito secundário", ver Beck, *Ecological Politics in an Age of Risk*.

Os "E" são pessoas simples: eles zombam dos iconoclastas e dos iconófilos

Para ser exaustivos, vamos evocar os E, que desconfiam tanto dos destruidores de ídolos quanto dos adoradores de ícones. Eles desconfiam de toda distinção clara entre os dois extremos. Destilam sua ironia devastadora contra todos os mediadores, não porque queiram se livrar deles, mas porque são profundamente conscientes de sua fragilidade. Gostam de dar provas de irreverência e desrespeito, funcionam à base de sarcasmo e zombaria, e reivindicam de maneira feroz e *rabelaisiana* um direito absoluto à blasfêmia. Ilustram a necessidade da insolência, a importância do que os romanos chamavam de "pasquinadas",[37] cruciais para uma concepção sadia da liberdade civil – dose indispensável do que Peter Sloterdijk denomina *kynismo* (em oposição ao cinismo, iconoclasta por excelência).

Existe um direito a não acreditar, e um direito mais importante ainda a não ser acusado de acreditar *ingenuamente* no que quer que seja. Talvez não haja alguém tão crédulo, à exceção do destruidor de ícones que acredita na crença – e, de forma totalmente bizarra, acredita ser o único *incrédulo*. Esse agnosticismo saudável, diverso, popular, indestrutível é talvez uma fonte de grande confusão, pois, também nesse caso, as reações que ele desencadeia são indiscerníveis daquelas engendradas pelos atos de destruição-regeneração dos A, B, C e D. É tão fácil ficar chocado. Cada um possui uma quantidade dada de "chocabilidade" que certamente pode ser aplicada a causas diversas, mas certamente não pode ser esvaziada nem diminuída.

Veja-se o célebre ícone do papa João Paulo II, caído no chão depois de ser atingido por um meteorito (a escultura de Maurizio

---

37 Nome dado pelos romanos às sátiras anônimas divulgadas em panfletos, anexados à estátua mutilada de Pasquino, cidadão reconhecido pelas sátiras e comentários mal-humorados. Cf. Christopher J. Gilbert, This Statue Could Talk: Statuary Satire in the Pasquinade Tradition, *Rhetoric and Public* Affairs, v.18, n.1 (Spring 2015), p.79-112. Ver também a *Encyclopédie* de Diderot. (N. T.)

Cattelan, *La Nona Ora*).[38] Ele manifesta uma irreverência sadia com relação à autoridade? É um exemplo típico de provocação fácil, destinada a londrinos *blasés* que esperam ficar ligeiramente chocados quando vão a uma exposição, pouco se importando que se destrua uma imagem tão enfadonha quanto a do papa? É, ao contrário, uma tentativa de destruir a fé dos visitantes poloneses do museu, durante a exposição em Varsóvia? Ou, como sugere Christian Boltanski, é uma imagem profundamente respeitosa, que mostra que, no catolicismo, exige-se do papa que ele sofra a mesma fratura, a mesma destruição derradeira do próprio Cristo?[39] Como interpretar esse conjunto de interpretações?[40] Seria uma verdadeira cacofonia...

Uma cacofonia bem-vinda

A exposição busca fazer que sejam *ouvidos* simultaneamente, em seu espaço sonoro, esses gritos de desespero, horror, indignação e estupefação, fazer todos serem ouvidos ao mesmo tempo, sem termos de escolher às pressas, sem termos de nos juntar ao seu campo habitual, e bater o martelo para realizar o ato da desconstrução. Daí a *cacofonia*, equivalente sonora do icono*clash*, que ocupa tanto espaço na exposição.

---

38 Cf. o comentário de Grenier, *L'art contemporain est-il chrétien?*.

39 Christian Boltanski, em comunicação pessoal.

40 Propus um teste a Cattelan: substituir o papa, que, talvez com exceção dos poloneses, todo mundo espera ver cair, por alguém que desencadeasse indignação nos intelectuais: mostrar, por exemplo, Salman Rushdie morto por uma bala islâmica... Horrível demais, escandaloso demais, dizem (Obrist, em comunicação pessoal). Ah! Então podemos atingir o papa, mas não alguém *realmente* digno de respeito aos olhos dos espíritos críticos! Qual era o meu objetivo ao propor claramente um verdadeiro sacrilégio, em vez de um sacrilégio barato? Uma nova provocação em intenção dos críticos fiéis, em vez dos papistas fiéis? O que posso dizer? Eu mesmo não estou certo de compreender a reação daqueles que recuaram horrorizados diante da minha sugestão nem a minha própria...

Queremos mostrar essa noção de ambiguidade tanto pelo som quanto pela imagem: quem berra contra a destruição e por quê? Trata-se das lamentações dos eternos filisteus, chocados por terem de sair de seu pequeno círculo de hábitos? Ouçam, ouçam! Trata-se do gemido dos humildes adoradores, privados de sua única fonte de virtude e vinculação, as relíquias sagradas, os preciosos fetiches, os frágeis fatiches que os mantinham vivos e agora jazem no chão, quebrados por um reformador cego e arrogante? Ouçam, ouçam o barulho do choro dos A, compreendendo que eles nunca se igualarão à doce violência dos proféticos B, apenas fazem o mundo mais vazio e o tornam ainda mais terrível. Ouçam de novo, por trás das lamentações cacofônicas, o riso sardônico dos blasfemos E tão sadios, tão felizes por fazer explodir a sua balbúrdia juvenil. E, por trás de tudo isso, o que seria esse outro barulho? Ouça, ouça o trompete profético despertando-nos de nosso zelo mortal em ressuscitar uma noção de beleza, de verdade e de santidade das imagens. Mas quem faz esse horrível tumulto? Ouça, ouça! Que algazarra faz esse barulho estridente dos provocadores em busca de uma nova vítima!

Sim, é um verdadeiro caos o nosso mundo cotidiano, o das iconocrises.

Além das guerras da imagem: a cascata de imagens

Como termos certeza de que a nossa exposição não é apenas mais uma exposição iconoclasta? Que não pedimos ao visitante e ao leitor que desçam mais um círculo na espiral infernal da desmistificação e da crítica? Que não adicionamos uma camada adicional de ironia, empilhando incredulidade sobre incredulidade, prosseguindo o trabalho do desencanto com mais desencanto ainda? Entre os curadores, nenhum está de acordo, mas o consenso não é o nosso objetivo: procuramos o icono*clash*, e não a certeza. Entretanto, nossa

140 BRUNO LATOUR

exposição afirma poder ir *além* das guerras da imagem. Uma reivindicação bastante pretensiosa a dessa preposição: *além*. Como ser fiel a ela?

Mostrando imagens, objetos, estátuas, signos e documentos de maneira a sublinhar os laços que os ligam a outras imagens, objetos, estátuas, signos e documentos. Em outras palavras, tentamos dizer que, contra os A, os C, os D e mesmo os E, nós pertencemos ao grupo dos B. Sim, declaramos ser de linhagem profética! As imagens contam; elas não são puro signo, simples protótipos de alguma coisa distante, superior ou inferior: se elas contam, é porque nos permitem conduzir o olhar na direção de uma *outra* imagem, tão frágil e simples quanto a precedente – mas *diferente*.

Assim, a distinção crucial que gostaríamos de esboçar nesta exposição não é a que diferenciaria um mundo de imagens de um mundo sem imagens – como os guerreiros da imagem gostariam de nos fazer acreditar –, mas a distinção entre o fluxo *interrompido* das imagens e uma *cascata* de imagens. Desviando a atenção dos visitantes para essas cascatas, não esperamos a paz – a história da imagem é bastante carregada por isso –, mas encorajamos calmamente o público a procurar outras propriedades da imagem, propriedades que as guerras das imagens enterraram sob a poeira de suas chamas e fúrias incessantes.

A opacidade dos ícones religiosos

Tomemos, por exemplo, essa pequena e modesta *pietà* do museu de Moulins, na França. Protestantes ou, mais tarde, fanáticos religiosos (ou talvez vândalos) decapitaram a Virgem e quebraram os membros do Cristo morto – embora as Escrituras digam "que nenhum de seus ossos será quebrado". Um minúsculo anjo intacto, invisível na imagem, segura, aflito, a cabeça tombada do Salvador. Mas espere um pouco! Não faça julgamentos precipitados. O que

Figura 2.3 – *Pietà* (Museu Anne de Beaujeu, Moulins, século XV, Coleção Tudot).

é a imagem de um Cristo morto, se não um novo ícone quebrado, a imagem perfeita de Deus profanado, crucificado, perfurado e pronto para ser enterrado? O gesto iconoclasta atingiu uma imagem que *já* estava quebrada. O que pode querer dizer crucificar (novamente) um ícone (já) crucificado?

Não estamos diante de uma bela iconocrise? O gesto do demolidor de ídolos era supérfluo, pois ele (por razões bastante obscuras mantenho o masculino para esse tipo de ato) destruiu um ícone já quebrado. Mas há uma diferença entre os dois gestos: o primeiro remete a uma antiga e longa reflexão sobre a fraqueza de todos os ícones, ao passo que o segundo apenas adiciona uma espécie de desejo simplista de se livrar de todos os ídolos, como se os ídolos e os adoradores de ídolos existissem realmente! Os combatentes da imagem cometem sempre o mesmo erro: acreditar ingenuamente na crença ingênua. O demolidor de ídolos talvez não tenha

142 BRUNO LATOUR

feito nada mais do que provar sua ingenuidade, imaginando que o adorador dessa *pietà* era apenas um ingênuo adorador de ídolos, enquanto ele, o demolidor de ídolos, escaparia de toda idolatria. E, no entanto, na tradição que levou à escultura desse ídolo, a imagem do Cristo quebrado já é feita para proibir o consumo idólatra. Aquele que quer quebrá-lo não entendeu nada, pois ela já é imprópria para consumo.[41]

Como sustenta Louis Martin em um belíssimo livro, o mesmo vale para as pinturas religiosas que buscam não tanto mostrar, mas sim toldar a visão.[42] Milhares de pequenas invenções obrigam o espectador, o adorador, a *não* ver o que está na frente dele. Mas de forma alguma, como frequentemente sugerem os defensores do ícone, desviando a atenção da imagem para um protótipo. Não existe protótipo – isso seria puro platonismo[43] –, mas unicamente o desvio da atenção para uma *outra* imagem.

Os peregrinos de Emaús não notam nada em seus companheiros de viagem, como Caravaggio os pintou, mas a *divisão* do pão revela o que eles deveriam ter visto, o que o espectador só pode ver graças à luz fraquíssima conferida pelo pintor ao pão repartido. Mas é apenas uma pintura. *Redirecionar* a atenção é o que tentam sempre realizar essas imagens, levando o fiel a seguir de uma imagem para outra. "Não está aqui. Vede onde o puseram" (Marcos 16,6).

Que aberração, essas guerras de imagem: não há uma imagem que já não tenha sido quebrada em dois. Cada ícone repete: *Noli me*

---

41 Cf. o belo capítulo de Koerner sobre Bosch, em Jones e Galison (dir.), *Picturing Science, Producing Art*. Cf. a noção de "dissimilar" em Didi-Huberman, *Fra Angelico, dissemblance et figuration*.

42 Marin, *Opacité de la peinture*.

43 Em seu simpático resumo visual das imagens e dos seus protótipos, Wirth, *Faut-il adorer les images?*, La théorie du culte des images jusqu'au Concile de Trente, in: Dupex et al. (Dir.). *Iconoclash, vie et mort de l'image médiévale*, p.28-7, ilustra mais uma vez a contradição inerente à disputa, pois, para mostrar a diferença entre o respeito pela imagem (dulia) e a adoração do modelo (latria), ele é *constrangido*, por necessidade, a *desenhar* duas imagens – uma do protótipo, outra do original!

tangere, e seus inimigos o acusam de chamar atenção demais! Será que vamos passar mais um século re-destruindo e re-desconstruindo ingenuamente as imagens *já* desconstruídas inteligente e sutilmente?

Isolada, uma imagem científica não tem referente

A cascata de imagens é ainda mais impressionante se examinamos as séries reunidas sob a rubrica científica.[44] Uma imagem científica isolada é desprovida de sentido; não prova nada, não diz nada, não mostra nada, não tem referente. Por quê? Porque, mais do que uma imagem religiosa cristã, uma imagem – ou melhor, um registro científico – é um *conjunto de instruções que permite alcançar a instrução seguinte* da série.[45] Um quadro de números leva a um mapa, que leva a uma fotografia, que leva a um diagrama, que leva a um parágrafo, que leva a uma constatação. O conjunto da série tem uma significação, mas nenhuma de suas partes tomadas isoladamente tem sentido.

É impossível parar em uma das partes das belas séries de astronomia apresentadas por Galison, se queremos "apreender" o fenômeno representado por elas.[46] Pois a objetividade, a visibilidade e a veracidade procedem do percurso ponta a ponta da série. O mesmo vale para o exemplo de biologia molecular proposto por Rheinberger: não há nada a ver em nenhum dos estágios das sucessivas etapas de marcação e, no entanto, não há outro modo de observar os genes.[47] A invisibilidade na ciência é mais impressionante do que na

---

44 O termo "cascata" foi introduzido por Trevor Pinch para descrever essa sucessão (Observer la nature ou observer les instruments, *Culture Technique*, v.14, 1985, p.88-107). Lynch e Woolgar (dir.), *Representation in Scientific Practique*.

45 Para uma descrição desse efeito de cascata, cf. Latour, *A esperança de Pandora*; "Les vues de l'esprit", p.33-70.

46 Cf. Latour e Weibel, *Iconoclash, Beyond the Image-Wars in Science, Religion and Art*, e Daston e Galison, *Objectivity*.

47 Cf. Latour e Weibel, op. cit., e Rheinberger, *Toward a History of Epistemic Thing*.

religião – nada mais absurdo do que a oposição entre o mundo visível da ciência e o mundo "invisível" da religião. Nenhum dos dois pode ser apreendido, exceto por imagens quebradas, incompletas, interrompidas, opacas, sim, que sempre levam a outras imagens.

Despregar os olhos da imagem para se voltar para o protótipo que *elas* supostamente representam seria ver menos, infinitamente menos.[48] Isso seria cegar-se totalmente. Peça a uma física que renuncie aos registros realizados por seus detectores, e ela não detectará mais nada: ela só começará a ter um semblante de ideia reunindo cada vez mais registros, cada vez mais resultados de instrumentos, cada vez mais equações.[49] É apenas *entre* as quatro paredes da sua torre de marfim que ela pode pretender algum acesso ao mundo "de fora".

Uma vez mais, esse paradoxo das imagens científicas escapa completamente aos combatentes da imagem, que exigem de forma brutal que *escolhamos* entre o visível e o invisível, a imagem e o protótipo, o mundo de fora e o mundo artificial e construído de dentro. Eles não podem compreender que, quanto mais a inscrição é artificial, mais aumenta a sua capacidade de ligar, de se ligar aos outros, de criar continuamente uma melhor objetividade.

Por isso, pedir aos demolidores de ídolos que destruam os múltiplos mediadores da ciência para alcançar melhor e mais rapidamente o mundo real externo seria não um apelo às Luzes, mas à barbárie. Devemos realmente passar mais um século titubeando furiosamente entre construtivismo e realismo, entre artificialidade e autenticidade? A ciência merece mais que uma adoração ingênua ou uma indiferença ingênua. Seu regime de invisibilidade é tão estimulante quanto aquele da religião ou da arte. A sutileza dos traços exige uma forma nova de tratamento e atenção. Exige, sim – por

---

48 Essa é a razão pela qual foi necessário ao olhar científico tanto tempo para se adaptar à estranheza dessas novas imagens científicas, como é magnificamente mostrado por Daston e Park, *Wonders and the Order of Nature.*

49 Galison, *Image and Logic.*

que se privar da palavra? –, uma espiritualidade que lhe seja precisamente ajustada.

Não há redenção para a arte

Colocar uma imagem em relação com outras, jogar com séries de imagens, repeti-las, reproduzi-las, transformá-las sutilmente são, e eram, práticas artísticas correntes antes mesmo da tristemente célebre "era da reprodução mecânica". A "intertextualidade" é uma das maneiras de visualizar a cascata de imagens no terreno artístico – essa relação profunda e inextricável que articula cada imagem com todas as imagens já produzidas, a relação complexa de sequestro, alusão, destruição, distância, citação, paródia e luta. Mas existe um vínculo mais direto. Sob muitos aspectos, a sombra projetada pelas representações religiosas e científicas obcecou as artes ocidentais por meio da questão da representação mimética: como escapar à obrigação de apresentar novamente os dogmas aos fiéis? Como escapar à tirania da ilustração quase científica, "simplesmente objetiva", "puramente representativa"? A vontade de libertar o olhar dessa dupla obrigação ilumina um grande número de invenções daquilo que denominamos arte moderna. Claro, os críticos "reacionários" nunca deixam de apelar para um "retorno" à "presença real", à "representação correta", à "mimese" e ao culto da beleza, como se fosse possível voltar no tempo.[50]

Eis, portanto, um outro paradoxo, uma outra iconocrise: a que a arte contemporânea tentou tão vigorosamente escapar? Qual foi o motivo de tanto iconoclasmo, tanto ascetismo, tanto ardor, e até mesmo de tanto frenesi? Os ícones religiosos e sua obsessão pela presença real? Mas eles não fizeram nada mais do que mostrar a

---

50 Steiner, *Réelles présences*; Clair, *Considérations sur l'état des beaux-arts*. Para um estudo sobre a disputa em torno da arte contemporânea, ver Barrer, *(Tout) l'art contemporain est-il nul?*.

ausência. O conjunto de imagens científicas? Mas nenhuma imagem científica isolada tem poder mimético: nada é *menos* representacional, *menos* figurativo do que as imagens produzidas pela ciência, que, no entanto, se afirma que oferecem a via de acesso mais confiável ao mundo visível.[51]

Uma vez mais, as guerras da imagem desviam nosso olhar para um alvo completamente errado. São numerosos os artistas que tentaram escapar ao peso da presença e da mimese, evitando a mesma religião e a mesma ciência que tentaram o mais intensamente escapar à presença, à transparência e à mimese! Uma verdadeira comédia de erros...

Por quanto tempo ainda vamos julgar uma imagem, uma instalação ou um objeto por essas outras imagens, instalações ou objetos que eles têm por meta combater, substituir, destruir, ridicularizar, afastar, parodiar? A arte necessita tanto que cada peça seja acompanhada de um longo cortejo de escravos e vítimas? Deformar as imagens existentes é realmente o seu único passatempo?

Felizmente existem todos os tipos de formas artísticas de instalações e dispositivos que não repousam sobre esse vínculo negativo entre imagem e deformação. Não que repousem sobre a mimese, o que restringiria o olhar ao mais enfadonho dos hábitos visuais, mas preferem a transformação das imagens, a cadeia de modificações que altera radicalmente os regimes escópicos da imagem clássica, extraída do fluxo e congelada.

Há uma diferença gigantesca entre a deformação iconoclasta, que repousa sobre o poder do que foi destruído, e a cascata produtiva de *re*-representações.

---

51 Elkins, *Why are our Pictures Puzzles*. Poderíamos até mesmo sustentar que foi observando as pinturas (e provavelmente as pinturas holandesas) que os filósofos das ciências chegaram à noção de mundo visível e à epistemologia do modelo e da cópia. Ver o clássico Alpers, *L'art de dépeindre*.

Depois do 911

Como mostraram Christin, Colas, Gamboni, Assmann e muitos outros, sempre houve uma ligação direta entre o estatuto da imagem e a política. A destruição das imagens sempre constituiu um ato cuidadosamente planejado e orquestrado. Não há nada menos popular, menos espontâneo, menos aleatório do que a destruição de ídolos. E se o termo representação aparece com mais clareza na esfera pública do que na ciência, na religião ou na arte, não quisemos falar nesta exposição do iconoclasmo na política como um domínio separado.

Para isso há uma razão simples: é essencial, antes de podermos renovar a definição dos mediadores políticos, ir primeiro *além* das guerras da imagem.[52] A política é onipresente na exposição, mas de maneira voluntariamente difusa. O iconoclasmo aplicado à esfera política tornou-se muito fácil. Em nenhum outro lugar a não ser na política, emerge a exigência absurda, mas veemente: "É manipulado ou real?". Como se lá também o trabalho das mãos, a cuidadosa manipulação, a mediação humana devessem ser inscritas em uma coluna, e a verdade, a exatidão, a mimese, a representação fiel, em outra. Como se tudo o que fosse creditado na primeira coluna devesse ser deduzido da segunda. Estranha contabilidade que impediria radicalmente toda política, toda religião, toda ciência e toda arte! É outro caso de aplicação impossível do segundo mandamento.

Mas o culto da destruição das imagens, o culto do iconoclasmo como última virtude intelectual, o espírito crítico, o gosto do niilismo – tudo isso foi talvez bruscamente transformado pelos acontecimentos, cujo estranho nome código 911 corresponde ao número de telefone de emergência nos Estados Unidos. Sim, depois do 11 de Setembro de 2001, foi declarado *estado de emergência*, atingindo

---

52 Isso foi objeto de uma segunda exposição, três anos depois, no mesmo ZKM de Karlsruhe, e também foi objeto de um volumoso catálogo: Latour e Weibel, *Making Things Public*.

148 BRUNO LATOUR

a maneira como tratamos as imagens de todos os gêneros na religião, na política, na ciência, na arte e na crítica – e iniciou-se uma busca frenética pelas raízes do fanatismo.

Enquanto podíamos aplicá-lo *verdadeiramente* aos outros e *simbolicamente* a nós mesmos, o niilismo – entendido aqui como a negação dos mediadores, o esquecimento da mão que trabalha na eclosão dos objetos transcendentes, o corte modernista entre o que se faz e o que se pensa fazer – podia aparecer como uma virtude, uma qualidade sólida, uma fonte formidável de inovação de força. Mas, pela primeira vez, são os Estados Unidos, os ocidentais, os corajosos demolidores de ídolos, os guerreiros da liberdade, que são ameaçados pelo niilismo e pelo fanatismo.

Da mesma forma que subitamente os roteiristas americanos passaram a considerar insuportáveis os efeitos especiais dos filmes de horror que eles criaram, porque a realidade deles era muito viva, e essa realidade só era suportável porque *não* podia ocorrer, poderíamos considerar o perpétuo discurso de destruição, desmistificação, crítica, exposição e denúncia menos engraçado ao final, menos produtivo, menos *protetor*.

Sabíamos (eu sabia!) que nunca fomos modernos. Mas somos menos modernos ainda a partir de agora: frágeis, fracos, ameaçados; em suma, um retorno à normalidade, à época inquieta e alerta, em que viviam os "outros" antes de serem "libertados" de suas "crenças absurdas" por nossa corajosa e ambiciosa modernização. Subitamente parecia que nos apegaríamos com ardor renovado aos nossos ídolos, aos nossos fetiches, aos nossos fatiches, às maneiras extraordinariamente frágeis com que nossas mãos produzem os objetos sobre os quais não temos nenhum controle. Observamos nossas instituições, nossa esfera pública, nossa objetividade científica, nossas próprias práticas religiosas – tudo o que anteriormente gostávamos de odiar – com um tipo de simpatia ansiosa e renovada. De repente, menos cinismo, menos ironia. Um culto das imagens, um desejo por mediadores cuidadosamente modelados – o que os bizantinos chamavam de "economia", e o que chamávamos simplesmente de civilização.

Uma exposição, um catálogo, não podem muita coisa, tenho consciência disso. Mas atrair a atenção para a fraqueza e a fragilidade dos mediadores que nos permitem orar, saber, votar, nos reunir, é isso que tentamos fazer em *Iconoclash*, essa "exposição do pensamento". Compete a vocês agora, leitores e visitantes, *ver* por si mesmos o que querem proteger e o que querem destruir.

E, a propósito, como Moisés teria formulado o segundo mandamento se o seu povo não o tivesse interpretado mal? É um pouco cedo para dizê-lo, mas aposto que uma interpretação mais fiel teria sido: "Não congelarás as imagens!".

ANEXO A *ICONOCLASH*
SUMÁRIO DO CATÁLOGO[1]

Bruno Latour

*What is Iconoclash? Or is There a
World beyond the Image Wars?*
Suplemento: *Abraham and the Idol
Shop of His Father Terah*

Why do Images Trigger so much Furor?

Pema Konchok
Buddhism as a Focus of Iconoclash in Asia
Moshe Halberthal
God Does not Live there Anymore
William Pietz
The Sin of Saul
Olivier Christin
The Idol King?
Raymond Corbey
*Image-Breaking on the Christian
Frontier*

Adam Lowe
*Gilded Silence: The King of Kosala's
Sixteen Dreams*
Pierre Centlivres
*Life, Death and Eternity of the Bud-
dhas in Afghanistan*
Luc Boltanski
The Fetus in the Image-Wars
Michael Taussig
Old Glory
Gregor Jansen
Berlin, anno 1967
Suplemento: *La Fontaine, le statuaire
et la statue de Jupiter*

Why are Images so Ambiguous?

Dario Gamboni
Image to Destroy, Indestructible Image

---

1 Cf. nota 1, p.105.

Lorraine Daston
Nature Paints
Brigitte Derlon
From New Ireland to a Museum: Opposing Views of the Malanggan
Peter Geimer
Searching for Something. On Photographic Revelations
Jean-Marc Lévy-Leblond
Galileo's Finger
Dominique Linhardt
All Windows were Open, but Nothing Happened? Nothing! Well... Except a Lot!
Bruno Pinchard
Tender Blasphemy Three States of the Image, Three States of Love, in the Renaissance
Jerry Brotton
Saints Alive: The Iconography of Saint George
Miguel Tamen
Theophilia
Suplemento: Hans-Christian Andersen: *The Emperor's New Suits*

Why do Gods Object to Images?

Joseph Koerner
The Icon as Iconoclash
Pierre-Olivier Léchot
"Idols Fall and the Gospel Arises!" The Farel Memorial in Neuchâtel: History of Paradox
Jean-François Clément
The Empty Niche of the Bamiyan Buddha

Jean-Michel Frodon
The War of Images, or the Bamiyan Paradox
Catherine Lucas
The Hidden Imam
Ramon Sarró
The Iconoclastic Meal: Destroying Objects and Eating Secrets Among the Baga of Guinea
John Tresch
Did Francis Bacon Eat Pork? A Note on the Tabernacle in "New Atlantis"
Patricia De Aquino
No Freeze-Frame on God
Suplemento: *John Paul II on the Shroud*

The Unbearable Image

Sophie Ristelhueber
"Dévisager" – Taking Images on a Mine Field. A Picture of Sophie Ristelhueber as Seen by Bruno Latour
Khalil Joreige et Joanna Hadjithomas
A State of Latency
Margrit Rosen
Shooting the Dead. The Symbolic Economy of the Photographed Corpse.
Suplemento: *Pierre or the Ambiguities by, Herman Melville*

The Unbearable Sound

Denis Laborde
The Strange Career of Musicoclashes

The Unbearable Movement

Boris Groys
Iconoclasm as an Artistic Device. Iconoclash Strategies in Film
Sabine Himmelsbach
Addicted to Noise. On Video Installations by Candice Breitz

How Can an Image Represent Anything?

Peter Galison
Images Scatter into Data, Data Gather into Images
Marie-José Mondzain
The Holy Shroud. How Invisible Hands Weave the Undecidable
Christian Kassung e Thomas Macho
Imaging Processes in the Nineteenth Century Medicin and Science
Suplemento: *Plowing the Dark by Richard Powers*

Why is Destruction Necessary for Construction?

Peter Sloterdijk
Analytical Terror
Hans-Ulrich Obrist
Milano Triennale 68 a Case Study and Beyond/Arata Isozaki's Electronic Labyrinths, a "Ma" of Images?
Peter Geimer
Dealing the Joker in Berlin
Andrei Mogoutov et Arkadi Nedel
No Place, no Matter: The Making Dense of Utopia

Are There Limits to Iconoclasm?

Hans Belting
Beyond Iconoclasm. Nam June Paik, the Zen Gaze and the Escape from Representation
Caroline Jones
Making Abstraction
Nathalie Heinich
Baquié at Malpassé: An "Adventure" in Contemporary Iconoclasm?
Albena Yaneva
Challenging the Visitor to Get the Image: On the Impossible Encounter of a Pig and an Adult
Hans Belting
Invisible Movies in Sugimoto's "Theaters"
Dörte Zbikowski
Dematerialized. Emptyness and Cyclic Transformation

Can the Gods Cohabit Together?

Heather Stoddard
The Religion of Golden Idols
Bruno Pinchard
Moses and the Suspended Iconoclastic Gesture
Z. S. Strother
Iconoclasm by Proxy
Elizabeth Claverie
How to Photography the Supernatural Beings?
Anne-Christine Taylor
The Face of Indian Souls: a Problem of Conversion

Andreas Mayer
The Fetish-Scientist, or Why Would Anyone Force Anyone to Kiss the Bust of Franz Josef Gall
Lydia Marinelli
Freud's Fading Gods
Tobbie Nathan
Breaking Idols... a Genuine Request for Initiation
Suplemento: *Jagannath and his Saligram*

But There is no Image Anymore Anyway!

Richard Powers
The Artist's Bedlam
Michel Jaffrennou
Ceci n'est plus une image!/ This is not a Picture!
Samuel Bianchini
The Theater of Operations
Noortje Marres
May the True Victim of Defacement Stand Up! On Reading The Network Configurations of Scandal on the Web
Norman Klein
Media as an Instrument of Power not as a Representation of Power

Can We Go beyond the Image Wars?

Simon Schaffer
The Device of Iconoclasm
Hans-Jorg Rheinberger
Auto-Radio-Graphics
Jörg Huber
On the Credibility of Worldpictures

Has Critique Ended?

Robert Koch
The Critical Gesture in Philosophy
Suplemento: *Extracts from Kleist and the Marquise of O.*

What Has Happened to Modern Art?

Adam Lowe
To See the World in a Square of Black
Suplemento: *Extract from Chapter 28 of Orhan Pamuk and My name is Red*
Peter Weibel
Is Modern Art Iconoclast? Up to and Beyond the Crisis of Representation

Referências Bibliográficas

ALPERS, S. *L'art de dépeindre:* la peinture hollandaise au XVIIe siècle. Paris: Gallimard, 1990.

AQUINO, P. de. La construction de la personne dans le candomblé. Rio de Janeiro: Museu Nacional, 1995.

_____; PESSOA DE BARROS, J. F. Leurs noms d'Afrique en terre d'Amérique. *Nouvelle Revue d'Ethnopsychiatrie,* v.24, 1994, p.111-25.

ASHMORE, M.; EDWARDS, D.; POTTER, J. The Bottom Line: the Rhetoric of Reality Demonstrations. *Configurations,* v.2, n.1, 1994, p.1-14.

ASSMANN, J. *Moïse l'Égyptien:* un essai d'histoire de la mémoire. Paris: Aubier, 2001.

AUGÉ, M. *Le Dieu objet.* Paris: Flammarion, 1988.

BARRER, P. *(Tout) l'art contemporain est-il nul?* Le débat sur l'art contemporain en France avec ceux qui l'ont lancé. Bilan et perspective. Lausanne: Favre, 2000.

BECK, U. *Ecological Politics in an Age of Risk.* Cambridge: Polity Press, 1995.

BENVENISTE, É. Actif et moyen dans le verbe. In: _____. *Problèmes de linguistique générale.* Paris: Gallimard, 1974. Coll. "Tel". t.1, p.168-75.

BLOOR, D. *Sociologie de la logique ou les limites de l'épistémologie.* Paris: Pandore, [1976] 1982.

BOLTANSKI, L. *L'amour et la justice comme compétences.* Paris: A.-M. Métailié, 1990.

_____; THÉVENOT, L. *De la justification:* les économies de la grandeur. Paris: Gallimard, 1991.

156 REFERÊNCIAS BIBLIOGRÁFICAS

BONTE, P.; IZARD, M. (Dir.). *Dictionnaire de l'ethnologie et de l'anthropologie*. Paris: PUF, 1991.

BORCH-JACOBSEN, M. *Souvenirs d'Anna O:* une mystification centenaire. Paris: Aubier, 1995.

BOURDIEU, P. La délégation et le fétichisme politique. In: _____. *Choses dites*. Paris: Minuit, 1987, p.185-202.

CALLON, M. (Dir.). *The Laws of the Market*. London: Routledge, 1998

_____; LATOUR, B. "Tu ne calculeras pas" ou comment symétriser le don et le capital. *Nouvelle Revue du Mauss*, v.9, 1997, p.45-70.

_____; LATOUR, B. (Dir.). *La science telle qu'elle se fait:* anthropologie de la sociologie des sciences de la langue anglaise. ed. rev. ampl. Paris: La Découverte, 1991.

CASSIN, B. *L'effet sophistique*. Paris: Gallimard, 1995.

CENTLIVRES, P. *Les Bouddhas d'Afghanistan*. Lausanne: Favre, 2001.

CHASTEL, A. *Le sac de Rome – 1527*. Paris: Gallimard, 1984.

CHRISTIN, O. *Une révolution symbolique:* L'iconoclasme, huguenot et la reconstruction catholique. Paris: Minuit, 1991.

CLAIR, J. *Considérations sur l'état des beaux-arts:* critique de la modernité. Paris: Gallimard, 1983.

CLARK, T. J. *Farewell to an Idea:* Episodes from a History of Modernism. New Haven: Yale University Press, 1999.

CLAVERIE, É. La Vierge, le désordre, la critique. *Terrain*, v.14, 1990, p.60-75

_____. *Les guerres de la Vierge:* une anthropologie des apparitions. Paris: Gallimard, 2003.

CLÉMENT, J.-F. L'image dans le monde arabe: interdits et possibilités. In: BEAUGÉ, G.; CLÉMENT, J.-F. (Dir.). *L'image dans le monde arabe*. Paris: CNRS, 1995.

COLAS, D. *Le glaive et le fléau:* généalogie du fanatisme et de la société civile. Paris: Grasset, 1992.

DARBO-PESCHANSKI, C. *Le discours du particulier:* essai sur l'enquête hérodotéenne. Paris: Le Seuil, 1987. Coll. "Des Travaux".

DASTON, L.; GALISON, P. *Objectivity*. Chicago, The University of Chicago Press, 2007.

_____; GALISON, P. The Image of Objectivity. *Representation*, v.40, 2001, p.81-128.

_____; PARK, K. *Wonders and the Order of Nature*. Cambridge: Zone, 1999.

DE BROSSES, Ch. *Du culte des dieux fétiches*. Paris: Fayard, [1760] 1988. Corpus des Œuvres de Philosophie.

DE WAAL, F. *De la réconciliation chez les primates*. Paris: Flammarion, 1992.

REFERÊNCIAS BIBLIOGRÁFICAS

DELEUZE, G.; GUATTARI, F. *L'Anti-Œdipe:* capitalisme et schizophrénie. Paris: Minuit, 1972.

DESCOLA, Ph. *La nature domestique:* Symbolisme et praxis dans l'lécologie des Achuar. Paris: Maison des Sciences de l'Homme, 1986.

_____. *Les lances du crépuscule*. Paris: Plon, 1994.

DEVEREUX, G. *Essais d'ethnopsychiatrie générale*. 3.ed. Paris: Gallimard, 1983.

DIDI-HUBERMAN, G. *Fra Angelico, dissemblance et figuration*. Paris: Flammarion, 1990.

DUPEUX, C. et al. (Dir.). *Iconoclash, vie et mort de l'image médiévale*. Paris: Somogy Éditions d'Art, 2001.

ELKINS, J. *Why are our Pictures Puzzles*. London: Routledge, 1999.

ETHNOLOGIE FRANÇAISE, v.XXVI, n.1, 1996, p.17-36.

FAVRET-SAADA, J. *Les mots, la mort, le sort*. Paris: Gallimard, 1997

_____; CONTRERAS, J. Ah! La féline, la sale voisine..., *Terrain*, v.14, 1990, p.20-31.

Freud, S. *L'homme Moïse et la religion monothéiste:* Trois essais. Paris: Gallimard, 1996.

FUNKENSTEIN, A. *Theology and the Scientific Imagination from the Middle Ages*. Princeton: Princeton University Press, 1986.

GALISON, P. *Image and Logic:* A Material Culture of Microphysics. Chicago: The University of Chicago Press, 1997.

GAMBONI. D. *The Destruction of Art, Iconoclasm and Vandalism since the French Revolution*. London: Reaktion, 1996.

GIBSON, J. G. *The Ecological Approach to Visual Perception*. London: Lawrence Erlbaum Associates, 1986.

GIGLIO, A. *O Sudário*. [Filme-vídeo]. Direção de Alberto Giglio. Roma, ago. 2000. VHS. 75 min. color. son.

GIRARD, R. *Des choses cachées depuis la fondation du monde*. Paris: Livre de Poche, 1983.

GOMART, É. Methadone: Six Effects in Search of Substance. *Social Studies of Science*, v.32, n.1, 2002, p.93-135.

GRENIER, C. *L'art contemporain est-il chrétien?* Nimes: Jacqueline Chambon, 2003.

GROYS, B. *Staline, oeuvre d'art totale*. Paris: Jacqueline Chambon, 1990.

GUZINSKI, S. *La colonisation de l'imaginaire:* Sociétés indigènes et occidentalisation dans le Mexique espagnol, XVIe-XVIIIe siècles. Paris: Gallimard, 1988.

HACKING, I. *Entre science et réalité:* la construction sociale de quoi? Paris: La Découverte, 2001.

158 REFERÊNCIAS BIBLIOGRÁFICAS

HACKING, I. *Entre science et réalité:* la construction sociale de quoi? Paris: La Découverte, 2001.

HALBERTAL, M.; MARGALIT, A. *Idolatry.* Cambridge: Harvard University Press, 1992.

HARAWAY, D. *Primate Visions:* Gender, Race and Nature in the World. London: Routledge/ Kegan Paul, 1989); Le Manifeste Cyborg et autres essais. Sciences, fictions, féminismes (Paris: Exils, 2007).

HENNION, A. *La passion musicale:* une sociologie de la méditation. Paris: A.-M. Métailié, 1993.

_____; LATOUR, B. Objet d'art, objet de science. Note sur les limites de l'antifétichisme. *Sociologie de l'Art,* v.6, 1993, p.7-24.

HUTCHINS, E. *Cognition in the Wild.* Cambridge: MIT Press, 1995.

IACONO, A. *Le fétichisme:* histoire d'un concept. Paris: PUF, 1992.

JONAS, H. *Le principe responsabilité.* Paris: Cerf, 1990.

_____; GALISON, P. (Dir.). *Picturing Science, Producing Art.* New York: Routledge, 1998.

JULLIEN, F. *La propension des choses.* Paris: Le Seuil, 1992. Coll. "Travaux". [Ed. bras. *A propensão das coisas:* Por uma história da eficácia na China. São Paulo: Editora Unesp, 2017]

KOERNER, J. L. *The Reformation of the Image.* London: Reaktion, 2004.

KUHN, Th. *La structure des révolutions scientifiques.* Paris: Flammarion, [1962] 1983.

LABORDE, D. Vous avez tous entendu son blasphème? Qu'en pensez-vous? Dire la Passion selon saint Matthieu selon Bach. *Ethnologie Française,* v.22, 1992, p.320-33.

LAGRANGE, P. (Dir.). *Ethnologie Française:* Science/ Parascience: Preuves et Épreuves, v.23, n.3, 1993.

_____. Enquête sur les soucoupes volantes. *Terrain,* v.14, 1991.

LAKOFF, A. *La raison pharmaceutique.* Paris: Les Empêcheurs de Penser en Rond, 2008.

LAPOUJADE, D. *William James:* empirisme et pragmatisme. Paris: Les Empêcheurs de Penser en Rond, 2007.

LATOUR, B. *Changer de société, refaire de la sociologie.* Trad. O. Guilhot, Paris: La Découverte, 2006.

_____. Facture/Fracture: de la notion de réseau á celle d'attachement. In: MICOUD, A.; PERONI, M. *Ce qui nos relie.* La Tour d'Aigues: L'Aube, 2000.

_____. *Jubiler ou les tourments de la parole religieuse.* Paris: Les Empêcheurs de Penser en Rond, 2002. [Ed. bras.: *Júbilo ou os tormentos do discurso religioso.* São Paulo: Editora Unesp, 2020]

REFERÊNCIAS BIBLIOGRÁFICAS 159

LATOUR, B. *L'espoir de Pandore:* Pour une version réaliste de l'activité scientifique. Trad. Didier Gille. Paris: La Découverte, 2001. [Ed. bras.: *A esperança de Pandora*: Ensaios sobre a realidade dos estudos científicos. São Paulo: Editora Unesp, 2017]

_____. *La vie de laboratoire.* Paris: La Découverte, 1998.

_____. Les objets ont-ils une histoire? Rencontre de Pasteur et de Whitehead dans un bain d'acide lactique. In: STENGERS, I. (Dir.). *L'effet Whitehead.* Paris: Vrin, 1994. p.197-217.

_____. Les vues de l'esprit. In: LATOUR, B.; AKRICH, M.; CALLON, M. *Sociologie de la Traduction:* textes fondateurs. Paris: Presses de l'École des Mines de Paris, 2006. p.33-70.

_____. *Nous n'avons jamais été modernes:* essai d'anthropologie symétrique. Paris: La Découverte, 1991.

_____. *Petite réflexion sur le culte moderne des dieux faitiches.* Paris: Les Empêcheurs de Penser en Rond, 1996.

_____. *Politiques de la nature:* comment faire entrer les sciences en démocratie. Paris: La Découverte, 1999. [Ed. bras.: *Políticas da natureza*: Como associar a ciência à democracia. São Paulo: Editora Unesp, 2019]

_____. Quand les anges deviennent de bien mauvais messagers. *Terrain*, v.14, 1990, p.76-91.

_____. What is Iconoclash? Or is There a World Beyond the Image-Wars?. In: _____; WEIBEL, P. *Iconoclash, Beyond the Image-Wars in Science, Religion and Art.* Trad. Aude Tincelin. Cambridge: MIT Press, 2002.

_____; LEMONNIER, P. (Dir.). *De la préhistoire aux missiles balistiques:* l'intelligence sociale des techniques. Paris: La Découverte, 1994.

_____; WEIBEL, P. *Making Things Public:* Atmospheres of Democracy. Cambridge: MIT Press, 2005.

LEGENDRE, P. *Leçons I:* La 901e conclusion. Étude sur le théâtre de la Raison. Paris: Fayard, 1998.

LYNCH, M.; WOOLGAR S. (Dir.). *Representation in Scientific Practique.* Cambridge, MIT Press, 1990.

MADELRIEUX, S. *William James, l'attitude empiriste.* Paris: PUF, 2008.

MARIN, L. *Opacité de la peinture:* essais sur la présentation. Paris: Usher, 1989.

MARX, K. *Le capital*, Livre 1. Paris: Flammarion, 1999. Coll. "Champs".

MICHEL, R. *La peinture comme crime.* Paris: Réunion des Musées Nationaux, 2002.

MOISSEEFF, M. Les objets culturels aborigènes ou comment représenter l'irreprésentable. *Génèses. Sciences Sociales et Histoire*, v.17, 1994, p.8-32.

MOL, A.-M. *The Body Multiple:* Ontology in Medical Practice (Science and Cultural Theory). Durham: Duke University Press, 2003.

160 REFERÊNCIAS BIBLIOGRÁFICAS

MONDZAIN, M.-J. *Image, icône, économie:* Les sources byzantines de l'imaginaire contemporain. Paris: Seuil, 1996.

MURTHY, A. *Bharathipura.* Madras: Macmillan, 1996.

NATHAN, T. *Fier de n'avoir ni pays, ni amis, quelle sottise c'était.* Paris: La Pensée Sauvage, 1993.

_____. *L'influence qui guérit.* Paris: Odile Jacob, 1994.

_____. *La guerre des psys:* manifeste pour une psychothérapie démocratique. Paris: Les Empêcheurs de Penser en Rond, 2006.

_____; Stengers, I. *Médecins et sorciers.* Paris: Les Empêcheurs de Penser en Rond, 1995.

PIETZ, W. *Le fétiche, généalogie d'un problème.*

_____. *Le fétiche, généalogie d'un problème.* Paris: Kargo & L'Éclat, 2005.

PIGNARRE, Ph. *Les deux médecines:* médicaments, psychotropes et suggestion thérapeutique. Paris: La Découverte, 1995.

PINCH, T. Observer la nature ou observer les instruments. *Culture Technique*, v.14, 1985, p.88-107.

POLANYI, K. *La grande transformation:* aux origines politiques et économiques de notre temps. Paris: Gallimard, [1945] 1983.

RÉAU, L. *Histoire du vandalisme:* les monuments détruits de l'art français. ed. ampl. Paris: Robert Laffont, 1994. Collec. "Bouquins".

RHEINBERGER, H.-J. *Toward a History of Epistemic Thing:* Synthetizing Proteins in the Test Tube. Stanford: Stanford University Press, 1997.

ROTMAN, B. *Ad Infinitum:* The Ghost in Touring Machine. Taking God out of Mathematics and Putting the Body Back In. Standford: Standford University Press, 1994.

RUSSEL, J. B. *Inventing Flat Earth;* Columbus and Moderns Historians. New York: Praeger, 1991.

SAHLINS, M. *La découverte du vrai sauvage et autres essais.* Trad. Claudie Voisenat. Paris: Gallimard, 2007

SCHAFFER, S. Golden means: assay instruments and the geography of precision in the Guinea trade. In: BOURGUET, M.-N.; LICOPPE, C.; SIBUM, H. O. *Instruments, Travel and Science.* London: Routledge, 2002.

SERRES, M. *La naissance de la physique dans le texte de Lucrèce.* Paris: Minuit, 1977.

_____. *Statues.* Paris: François Bourin, 1987.

SLOTERDIJK, P. *Critique de la raison cynique.* Paris: Christian Bourgeois, 2000.

REFERÊNCIAS BIBLIOGRÁFICAS 161

SOURIAU, É. *Les différents modes d'existence*. Paris: PUF, 1943; reed., préf. Isabelle Stengers e Bruno Latour. Paris: PUF, 2009.

STEINER, G. *Réelles présences*. Paris: Gallimard, 1991.

STENGERS, I. *Cosmopolitiques:* Pour en finir avec la tolérance. Paris: La Découverte, [1996] 1997, t.7.

_____. *L'invention des sciences modernes*. Paris: La Découverte, 1993.

_____. *La volonté de faire science*. reed. Paris: Les Empêcheurs de Penser en Rond, 1996.

STODDARD, H. *Le mendiant de l'Amdo*. Paris: Société d'Ethnographie, 1985.

STRUM, S. *Voyage chez les babouins*. reed. Paris: Le Seuil, 1995. Coll. "Point Poche".

TAMEN, M. *Friends of Interpretable Objets*. Cambridge: Harvard University Press, 2001.

TAUSSIG, M. *Defacement, Public Secrecy and the Labor of the Negative*. Stanford: Stanford University Press, 1999.

THÉVENOT, L. Le régime de familiarité. Des choses en personne. *Genèses*, v.17, 1994, p.72-101.

THOMAS, N. *Entangled Objects:* Exchange, Material Culture and Colonialism in the Pacific. Cambridge, Harvard University Press, 1991.

THOMPSON, Ch. *Making Parents:* The Ontological Choreography of Reproductive Technologies. Cambridge, Cambridge University Press, 2005.

VEYNE, P. *Les Grecs ont-ils cru à leurs mythes?* Essai sur l'imagination constituante. Paris: Le Seuil, 1983. [Ed. bras. *Os gregos acreditavam em seus mitos?* Ensaio sobre a imaginação constituinte. São Paulo: Editora Unesp, 2014].

VIRAMMA; RACINE, J.; RACINE, J.-L. *Une vie de paria:* le rire des asservis. Inde du Sud. Paris: Plon/Terre Humaine, 1995.

WHITEHEAD, A. N. *Procès et réalité:* essai de cosmologie. Paris: Gallimard, 1995.

WIRTH, J. Faut-il adorer les images? La théorie du culte des images jusqu'au Concile de Trente. In: DUPEUX, C. et al. (Dir.). *Iconoclash, vie et mort de l'image médiévale*. Paris: Somogy Éditions d'Art, 2001.

SOBRE O LIVRO

Formato: 14 x 21 cm
Mancha: 23,7 x 42,5 paicas
Tipologia: Horley Old Style 10,5/15
Papel: Off-white 80 g/m^2 (miolo)
Cartão Supremo 250 g/m^2 (capa)
1ª edição Editora Unesp: 2021

EQUIPE DE REALIZAÇÃO

Edição de texto
Mariana Echalar (Copidesque)
Marcelo Porto (Revisão)

Capa
Megaarte Design

Editoração eletrônica
Sergio Gzeschnik (Diagramação)

Assistência editorial
Alberto Bononi
Gabriel Joppert